Grundriss

der

Theorie der Zinsrechnung

von

Dr. Heinrich Bleicher.

Mit Tabellen.

Springer-Verlag Berlin Heidelberg GmbH 1888

ISBN 978-3-662-32108-9 ISBN 978-3-662-32935-1 (eBook)
DOI 10.1007/978-3-662-32935-1

Herrn

Dr. Julius Lehr,

o. ö. Universitätsprofessor

in dankbarer Verehrung

gewidmet.

Vorwort.

Die vorliegende Schrift soll den kurzgefassten Grundriss für eine vollständige Theorie der Zinsrechnung bieten. Sie gibt nach eingehenden Erörterungen über die Zinsfunktion eine systematische Entwicklung der Grundformeln mittelst des Begriffes einer ewigen Rente von beliebiger Periode.

Eine Weiterführung des hier Gebotenen würde sich auf die ausführliche Discussion der einzelnen, für ewige oder limitirte Renten sich ergebenden Funktionen zu erstrecken haben. Derartige Untersuchungen scheinen interessante Resultate zu liefern.

In Folge seiner gedrängten Gestalt dürfte dieser Abriss als eine nicht unwillkommene Beigabe zu den meist umfangreichen Handbüchern und zu den gebräuchlichsten Tabellenwerken der Zinsrechnung erscheinen. Was die letzteren anlangt, so wäre dringend zu wünschen, daſs man bei Bearbeitung solcher der continuirlichen Verzinsung mehr Beachtung schenke als bisher, und daſs die Berechnung von Tafeln, welche sich auf die Überführung verschiedener ratirlicher Rentenzahlungen in einander beziehen, mehr gefördert werde. Insbesondere aber möchte ich die Herstellung von Tabellen für periodische ewige Renten im Anschlusse an diejenigen der Zins- und Discontfaktoren empfehlen.

Die kurzen hier beigegebenen Tabellen haben zunächst nur den Zweck, ein Bild von der Wirkung continuirlicher Verzinsung zu geben. Sie sind auf zweifachem Wege — meist durch Reihenentwicklungen — von mir und von Herrn Max Mack, dem ich für seine freundschaftliche Beihilfe öffentlich Dank sage, neu berechnet worden.

Möge das kleine Buch von Seite der Fachmänner diejenige wohlwollende Nachsicht finden, welcher es als erster Versuch in besonderem Maſse bedarf.

München, 1887.

Der Verfasser.

Inhaltsverzeichniss.

Einleitung.

In der Volkswirthschaftslehre wird allgemein der Preis der Nutzung des einem Dritten überlassenen Kapitals als „Zins“ bezeichnet. Der Begriff „Kapital“ selbst wird verschieden definirt. Unseren Zwecken entspricht es am vollständigsten, wenn wir der bekannten Hermann'schen Begriffsbestimmung uns anschliessen, wonach unter Kapital die Grundlage jeder dauernden Nutzung verstanden werden muss. Diese führt sofort dazu, als Zins schlechthin die Nutzung eines Kapitals zu bezeichnen, möge dasselbe verliehen sein oder nicht. Soferne aber das Kapital nur deswegen Bedeutung hat, weil es eine Nutzung abwirft, ist die Grösse der letzteren, also des Zinses, geradezu massgebend für die Bestimmung des Kapitalwerthes.

Alle Zinsen nun, welche in ihrer Gesammtheit das Kapital darstellen, dürfen, da sie zu verschiedenen Zeitpunkten realisirbar sind, nicht ohne weiteres algebraisch summirt werden; sie müssen vielmehr für den Zweck der Summirung auf einen bestimmten Zeitpunkt einheitlich bezogen werden. Nach welchen Grundsätzen dies zu geschehen hat, lehrt die Zinsrechnung.

Die Umstände, unter welchen Kapital und Zinsen zu einander in Beziehung treten, lassen sich nach drei Gesichtspunkten zusammenfassen, welchen die Abschnitte II—IV der vorliegenden Abhandlung entsprechen.

I. Der Zins erscheint in periodischer Wiederkehr immer in gleicher Höhe und das Kapital selbst als solches bleibt immer in der gleichen Form bestehen.

Das Verhältniss des Zinses zur Kapitalhöhe heisst Zinsfuss. Der Zins selbst stellt eine ewige oder immerwährende Rente dar und zwar ist diese identisch mit dem sogenannten reinen Zins — der rohe Zins dagegen ist höher als der reine und zwar um denjenigen Betrag, welcher der wahrscheinlichen Wirkung etwaiger Verluste entspricht. Ein Risico kann sowohl bei eigener Benutzung des Kapitals als auch bei einer Verleihung getragen werden, und dasselbe führt immer zu einer Modification des Zinsfusses.

In der oben angezogenen Bestimmung des Kapitalbegriffes liegt stillschweigend die Voraussetzung, dass die erst in Zukunft eingehenden Bezüge aus demselben zur Zeit um so geringer zu veranschlagen sind, je später sie zu erwarten bleiben. In welchem Maasse deren gegenwärtiger Werth abnehmen muss, damit die Gesammtsumme dieser unendlich vielen Beträge eine eindeutig bestimmte endliche Grösse, nämlich den Kapitalwerth darstellt, ergibt sich später von selbst.

Von ganz allgemeinen Gesichtspunkten ausgehend, wird im II. Abschnitt bewiesen werden, dass die hier besprochene Kapitalisirung des periodischen Zinses auf unbeschränkte Zeit implicite die Voraussetzung der Rechnung mit Zinseszinsen verlangt, welche die Forderung enthält, dass jeder Zins genau in gleichem Maasse werbend wirkt, wie das ursprüngliche Kapital selbst. Das Princip der sogenannten einfachen Zinsrechnung, welche das Zinsergebniss nur proportional der verflossenen Zeit annimmt, vermag die obengenannten Bedingungen nicht zu erfüllen. Dass die Rechnung mit einfachen Zinsen bei längeren Zeiträumen zu Widersprüchen führt, ist in der einschlägigen Literatur, auf welche wir verweisen, zur Genüge dargethan*). Es wird unsere Aufgabe bleiben zu zeigen, dass sich die Rechnung mit Zinseszinsen durch die zwingende Gewalt der Logik von selbst einführt und nur ihre Unterstellung den Aufbau eines einheitlichen Systems für die ganze Zinsrechnung gestattet.

*) Beispielsweise ist diese Frage ausführlich behandelt in: Oettinger, Weitere Ausführungen der politischen Arithmetik. Greifswald 1863.

II. Die aus dem Kapital fliessenden Zinsen bilden mit diesem zusammen die veränderte, d. i. vermehrte Grundlage weiterer Produktion.

Nach üblichem Sprachgebrauch sagt man hier: Der Zins wird zum Kapitale geschlagen. Er bildet mit diesem zusammen dasjenige Kapital, welches für die nächste Zinsperiode einen höheren Zins abwirft, als das ursprüngliche Kapital und zwar gerade soviel, als der Zins aus letzterem und der Zins des ersten Zinses, beide nach gleichem Masse berechnet, zusammen betragen. Dieser zweite Zins wird wieder kapitalisirt und so fort bis zu einem bestimmten Schlusstermin, an welchem der so vermehrte Kapitalwerth nach der sich hieraus ergebenden ewigen Rente abgeschätzt werden kann.

Es ist durchaus verfehlt, die allenfalls mit der Kapitalisirung der Zinsen verbundenen praktischen Schwierigkeiten, welche sich nie rechnungsmässig genau feststellen lassen, in der Art berücksichtigen zu wollen, dass man für die Verzinsung des ursprünglichen Kapitals und für diejenige der Zinsen selbst zweierlei Zinsfuss — im letzteren Falle den niedrigeren — zur Grundlage der Rechnung macht. Vielmehr liegt es im Interesse der Einfachheit und verlangt es die Consequenz, einen einheitlichen Zinsfuss für die Bestimmung der Zinsen und der Zinseszinsen zu wählen. Die Höhe desselben muss sich nach den zu erzielenden thatsächlichen Endergebnissen richten.

Den Unterschied zwischen dem nach bestimmter Zeit angesammelten Kapital und dem ursprünglichen, welcher nichts anderes bedeutet, als die Summe der aufgelaufenen Zinsen, wollen wir kurzweg mit „Verzinsung" innerhalb des betreffenden Zeitraumes bezeichnen, dagegen unter „laufender Verzinsung" den innerhalb der einzelnen zwischenliegenden Zinstermine erfolgenden Kapitalzuwachs verstehen. Das Verhältniss dieser laufenden Verzinsung zu dem veränderlichen Kapital, aus welchem dieselbe resultirt, ist constant und heisst Zinsfuss.

Die Summe der aufgelaufenen Zinsen wird in den Lehrbüchern der politischen Arithmetik mit „Interusurium" bezeichnet und gerade hierüber ist wegen der richtigen Bestimmungsweise desselben: ob man mit einfachen Zinsen, mit Zinseszinsen oder gar mit gemischten Zinsen zu rechnen habe, aus Anlass praktischer, zuerst auf dem Gebiete der Jurisprudenz entstandener Streitfragen die Meinung von jeher getheilt gewesen; der Fachmann erkennt gegenwärtig die Rechnung mit Zinseszinsen ziemlich allgemein als die theoretisch und praktisch einzig berechtigte an. Abgesehen von der mathematischen Begründung führt schon eine allgemeine Ueberlegung zu dieser Ansicht. Denn die Nutzung eines Kapitals soll selbst wieder Tauschwerth haben, ist demnach eigentlich selbst wieder Kapital und die Trennung beider Begriffe erscheint mehr formeller, als sachlicher Natur, sie kennzeichnet im Wesentlichen nur Ursache und Wirkung.

Ist der Begriff des vermehrten Kapitals als Endergebniss einer durch beliebig viele Zeiteinheiten erfolgten Anhäufung der Zinsen und Zinseszinsen festgelegt, so ist anderseits unter dem Jetztwerth eines Kapitals, dessen Höhe nach Umlauf einer bestimmten Frist eine feste Grösse haben soll, diejenige Summe zu verstehen, welche innerhalb dieser Zeit mit ihren Zinsen und Zinseszinsen zu eben diesem Betrage anwächst (discontirter Werth eines Kapitals).

Von diesen Gesichtspunkten aus hat man die Anhäufung mehrerer zu verschiedenen Zeitpunkten fälliger Kapitaleinheiten bis zu einem einheitlichen Schlusstermine zu bewirken oder die Berechnung der Summe vorzunehmen, die in gewissen Perioden fällig sein muss, damit man einen festgesetzten Betrag in bestimmter Zeit erreicht. (Sparkassenanlage und Sparkassenversicherung).

Bei Waldwerthberechnungen und bei Werthbestimmungen von landwirthschaftlichem Gelände, wo der nackte Boden nach seinen zukünftigen Nutzungen geschätzt wird, hat man beispielsweise Fälle, in denen es sich um die gegenwärtige rechnerische Abschätzung von Kapital oder Nutzungswerthen handeln kann, die zur Zeit noch gar nicht vorhanden sind, wohl aber in bestimmter Zeit in Aussicht stehen. Die Diskontirung hat hier im obigen Sinne mit Berücksichtigung aller Zinsen und Zinseszinsen zu geschehen, derart, dass die den gegenwärtigen Schätzungswerth repräsentirende Summe als ein wirthschaftlich arbeitendes Kapital gedacht ist.

III. Die ursprüngliche Form des Kapitals wird dadurch in eine andere übergeführt, dass in periodischer Wiederkehr sich Theile des Kapitalstammes mit den jeweiligen Kapitalzinsen verschmelzen.

Man hat, soweit man hier von Aufzehrung des Kapitals zu sprechen pflegt, darunter nur die Auflösung der Form desselben und die Ueberführung in eine andere zu verstehen. Beispielsweise sind die Tilgungspläne von Anlehen derart berechnet, dass der Kapitalrest der Schuld immer kleiner wird, bis sich allmählich das Kapital vollständig in die Form der daraus bezogenen Renten aufgelöst hat. Hat man es mit sogenannten unverzinslichen Anlehensloosen zu thun, so wird deren Zins aufgespart und gelangt mit den einzelnen Tilgungssummen in der Form von Gewinnsten zur Rückzahlung.

Fragen der Art treten auf wirthschaftlichem Gebiete weitaus am öftesten auf und man hat für den hier in Anwendung kommenden mathematischen Calcül speziell den Namen Rentenrechnung gewählt. Von dieser formellen Unterscheidung zwischen Zinseszins- und Renten-Rechnung, wie sie öfter gemacht wird, nimmt man besser Abstand; die letztere ist vielmehr nur ein Theil der ersteren, für welche wir den Namen „Zinsrechnung" überhaupt führen. —

Gerade die Unterscheidung des vorliegenden Stoffes nach den drei erwähnten Gesichtspunkten soll das Verständniss vermitteln, dass die entsprechenden Abschnitte, welche das Gesammtgebiet der Zinsrechnung umfassen, in ihrem Zusammenhange ein organisches Ganze bilden, weil — wie sich zeigen wird — alle Ueberlegungen auf die Identität von Kapital und der Gesammtheit der daraus fliessenden ewigen Renten zurückgeführt werden können.

Bei Bestimmung eines Kapitalwerthes muss man daran festhalten, dass der Unterschied der auf die Gegenwart bezogenen Summen aller zu bestimmten Zeitpunkten erwarteten Einnahmen und Ausgaben diejenige Grösse ist, welche durch den reinen Zins den thatsächlichen Werth eines Vermögens darstellt. Und anderseits, wenn die so berechneten Ausgaben die Einnahmen übersteigen, so ist die Differenz als dasjenige Kapital zu betrachten, welches nothwendig vorhanden sein muss, um das Gleichgewicht zwischen Activen und Passiven herzustellen.

Die Bestimmung zukünftiger Eingänge und Ausgaben und deren Beziehung auf einen gemeinsamen Zeitpunkt, am einfachsten die Gegenwart, spielt in unserem gesammten Wirthschaftsleben eine ungemein wichtige Rolle. Beruht doch auf derselben das ganze, immer mehr sich auf die breiteren Volksschichten ausdehnende Versicherungswesen. Gerade hier, wo es sich um Verbindlichkeiten handelt, welche in der Gegenwart eingegangen werden und theils erst in sehr weit abgelegener Zeit — wie bei der Lebensversicherung — ihrer Erfüllung harren, wird die Frage nach der richtigen Methode zur gegenwärtigen Bilanzirung künftiger Ausgaben und Einnahmen zu einer überaus wichtigen Principienfrage. Auf diesem Gebiete hat man denn auch die Nothwendigkeit mit Zinseszinsen zu rechnen, anstatt mit einfachen Zinsen, einmüthiger zugestanden, als bei anderen ähnlichen Disciplinen.

Zu der Frage, nach welchen Principien die Zinsen eines Kapitals mit diesen in rechnerische Beziehung zu setzen sind, tritt noch die andere, innerhalb welcher Zeit die Kapitalisirung von Zins und Zinseszins am besten erfolgt. Nun kann die Zeit, innerhalb deren ein Kapital wenigstens werbend wirken kann, eine sehr verschiedene sein und man weiss aus der Praxis, dass, so oft die Principien der Zinseszinsrechnung — in unserem Sinne der Zinsrechnung — in Anwendung zu kommen haben, je nach Belieben die Festsetzung monatlicher, vierteljährlicher, halb- oder ganz-jährlicher Zinstermine gewählt wird.

Hier bleibt ein einheitlicher Gesichtspunkt für die Rechnung zu schaffen.

Um nun beispielsweise eine Zinsanlage mit ganz- und eine solche mit halb-jährlichen Terminen zu vergleichen, ist es nothwendig, die eine der beiden Modalitäten rechnungsmässig in die andere überzuführen. Gelingt die Festsetzung einer bestimmten Zeitfrist, welche die Grundsätze der Zinseszinsrechnung in die letzte Consequenz verfolgt und ausserhalb willkürlicher Annahme liegt, so wird am zweckmässigsten jeweils auf diese reducirt. Als solche ergibt sich von selbst und insbesondere nach einer Kritik der einschlägigen mathematischen Formeln die unendlich kleine Zeitperiode, welche zur sogenannten augenblicklichen Verzinsung führt und zur Voraussetzung hat, dass jeder kleinste Theil des Zinses nach Verfluss eines jeden auch noch so kleinen Zeittheiles kapitalisirt wird.

Bei jeder beliebigen anderen Verzinsung aber kann man einen Zinsfuss angeben, welcher bei Annahme einer augenblicklichen Verzinsung die gleiche Wirkung erzielen würde. Wir sehen die letztere demnach als Massstab an, welcher für jede vorkommende Modalität der Verzinsung den Werthmesser abgibt — force of discount bei englischen Schriftstellern — und wenn man sich daran gewöhnen würde, rechnerisch nur in dieser einen Form zu operiren, so hätte man sich die wünschenswertheste Uebersicht über die Rechnung geschaffen. Die Funktion e^z, welche die augenblickliche Verzinsung charakterisirt, wenn man unter e die Basis der natürlichen Logarithmen $= 2{,}71828\ldots$ und unter z den Zinsfuss der Zeiteinheit versteht, führt stets zu einer einfacheren Ausdrucksweise, als alle sonst üblichen Formeln der Zinsrechnung.

Vor Allem muss betont werden, dass man der augenblicklicklichen Verzinsung, welche gegebenen Falls sogar nur als der formelle Ausdruck einer anderen mit ihr der Wirkung nach gleichen Verzinsung angesehen werden mag, durchaus mehr Interesse entgegen bringen darf, als ihr bis jetzt in den meisten, namentlich in den neueren Lehrbüchern zugewandt wird, in welchen sie oft nur als der Ausfluss einer theoretischen Speculation erscheint*). Man überzeugt sich jedoch leicht, dass die augenblickliche Verzinsung in ihrer Wirkung einen Grenz-

*) Vgl. von älteren Werken: Tetens, Anleitung zur Berechnung der Leibrenten und Anwartschaften. Leipzig 1785 oder Meyer, Allgemeine Anleitung zur Berechnung der Leibrenten und Anwartschaften. Kopenhagen 1823.

werth für die Zinseszinsanlage mit immer kleiner werdenden Zinsperioden bildet, welcher einer in Wirklichkeit noch realisirbaren Verzinsung sehr nahe liegt.

Das Kapital 1 wächst nämlich bei 5 % Zins innerhalb eines Jahres, wenn die Zinstheile

jährlich	kapitalisirt	werden,	an	zu	1,05
halbjährlich	"	"	"	"	1,050625
vierteljährlich	"	"	"	"	1,050945
monatlich	"	"	"	"	1,051162*)
täglich	"	"	"	"	1,051267
augenblicklich	"	"	"	"	1,051271

Man erkennt, dass die einzelnen Werthe der Zinsfaktoren dem Maximalwerthe 1,051271 zustreben und dass der Unterschied zwischen monatlicher oder gar täglicher Verzinsung gegenüber der augenblicklichen ein überraschend geringer ist; denn eine monatliche Verzinsung, welche in ihrer Wirkung einer einfachen Jahresverzinsung von 5,1162 % gleichkommt, steht beispielsweise der augenblicklichen mit dem Endergebniss eines einfachen Zinssatzes von 5,1271 % gegenüber, wenn man die Zinstheile eines jährlich auf 5 % festgesetzten Zinsfusses einmal monatlich, das andere mal augenblicklich kapitalisirt. Rechnet man also mit dem Prozentsatze von 5 % pro Jahr, so beträgt die Gesammtabweichung vom einfachen Zinse durch die freigelassene Wahl über die innerhalb eines Jahres liegende Anzahl von Zinsterminen im höchsten Falle erst 0,1271 % des Kapitals oder 2,54 % des niedrigsten Zinsüberschusses. Der Unterschied zwischen täglicher und augenblicklicher Verzinsung würde nur 0,0004 % des Kapitals oder nur 0,008 % des Endwerthes der täglichen Verzinsung betragen.

Umgekehrt ergibt sich, dass eine gleichbleibende thatsächliche Verzinsung von 5 % p. a. erzielt werden kann durch eine jährliche Kapitalisirung des Zinses bei einem Zinsfusse von 5 %

halbjährliche	"	"	"	"	"	"	"	4,939 %
vierteljährliche	"	"	"	"	"	"	"	4,909 "
monatliche	"	"	"	"	"	"	"	4,889 "
tägliche	"	"	"	"	"	"	"	4,880 "
augenblickliche	"	"	"	"	"	"	"	4,879 "

*) bei Oettinger irrthümlich mit 1,051114 angegeben.

Von diesem Gesichtspunkte aus lässt sich jede beliebige Verzinsung nach dem einheitlichen Massstabe der augenblicklichen gleichwerthigen Verzinsung beurtheilen. Anderseits würde man, wenn der Prozentsatz der augenblicklichen Verzinsung in runder Zahl gegeben ist, jederzeit Tabellen anlegen können, welche den Zinsfuss für eine beliebige andere Verzinsung nachweisen, welcher der gegebenen augenblicklichen entspricht. So wäre beispielsweise einer augenblicklichen Verzinsung bei einem Jahres-Zinsfuss von 5 % gleichwerthig:

eine jährliche	nach	dem	Jahreszinsfuss	von	5,127	%
„ halbjährliche	„	„	„	„	5,063	„
„ vierteljährliche	„	„	„	„	5,031	„
„ monatliche	„	„	„	„	5,011	„
„ tägliche	„	„	„	„	5,001	„

Gerade die augenblickliche Verzinsung nun, welche ein ununterbrochenes momentanes Wachsthum an Stelle der sprungweisen Anhäufung setzt, entspricht in allen Fällen, wo eine Kapitalvermehrung durch natürliche Bedingungen gegeben ist, und welche in der Regel, um sie rechnerisch festzulegen, nach Jahresprozenten angegeben zu werden pflegt, weit mehr den thatsächlichen Verhältnissen — und ihre Anwendung erscheint um so gerechtfertigter als wir beweisen werden, dass ihr die Rolle einer mittleren Verzinsung zukommt. —

Wenn insbesondere der Werthzuwachs eines Kapitals nur nach längeren Zeitperioden nach seinem Endergebniss angegeben werden kann, erscheint es zweckmässiger als Massstab der Verzinsung den Prozentsatz für die Zeiteinheit unter Voraussetzung augenblicklicher Verzinsung zu wählen, anstatt beliebige andere, im Grunde doch nur willkürliche Annahmen zu machen. Man mag dabei immer im Auge behalten, dass man bei der Augenblicksverzinsung mit Zahlen operirt, welche vollständig innerhalb des Rahmens thatsächlicher Verhältnisse liegen.

Man pflegt in der Praxis, sobald es sich um grössere Summen handelt, beispielsweise eine monatliche Verzinsung anzunehmen, nur der Ueberlegung nachgehend, dass man mit den jeweils disponiblen Kapitalien mehr Zins erzielt, als der gewöhnlichen sonst üblichen vierteljährlichen oder halbjährlichen

Verrechnung derselben entspricht. Diese Voraussetzung monatlichen Umsatzes des Kapitals entspricht aber ebensowenig gerade den thatsächlichen Verhältnissen. Denn die wirthschaftlichen Einrichtungen unserer Zeit sind so mannichfaltiger Natur, dass man die vielseitigste Gelegenheit zur Nutzbarmachung der grössten Kapitalien, wie andererseits — um in Extremen zu sprechen — die verzinsliche Anlage in Sparmarken gesammelter Beträge ermöglicht findet.

Warum sollte man also nicht die letzte Consequenz aus den Principien der Zinseszinsrechnung ziehen und unter entsprechender Modifikation des Zinsfusses von einer augenblicklichen Verzinsung sprechen?

Wie von unendlich kleinen Zinsterminen, so wird man auch von unendlich vielen Rententerminen innerhalb eines Jahres sprechen können. Wittstein beweist in seinem Lehrbuch der Analysis den Satz, dass eine Rente, deren jährliche Beträge in unendlich kleinen Zeitintervallen gleichmässig über das ganze Jahr sich vertheilen, ihrem Kapitalwerth nach sehr nahe einer Rente gleichkommt, die in einer Summe je in Mitte des Jahres fällig wird. Hieraus lässt sich dann der Kapitalwerth einer Rente berechnen, deren Empfänger jeden Tag und jede Stunde den diesem Tage und dieser Stunde entsprechenden Theil des jährlichen Betrages der Rente beanspruchen kann, wie dies bei Naturalverpflegungen vorkommt. —

Indem wir kurz zusammenfassen, sehen wir, dass für das Bestreben, jede Art der Zinswirkung nur durch die Höhe des Zinsfusses, welcher der Zeiteinheit entspricht, auszudrücken, durch die Annahme einer Kapitalisirung des Zinses in seinen kleinsten Theilen thatsächlich ein praktisch sehr wohl berechtigter Ausgangspunkt geschaffen ist. Ganz besonderen Vorzug wird die Funktion, welche den Zinsfaktor für die Zeit t darstellt, nämlich $F(t) = e^{zt}$ noch dadurch erhalten, dass dieselbe hinsichtlich des Zinsfusses und hinsichtlich der Zeit symmetrisch ist, und es ist lediglich das Produkt aus der Zeit in den für die Zeiteinheit angegebenen Zinsfuss, welche als Variable x bei Berechnung der verschiedenen Werthe von $F = e^x$ erscheint.

I. Abschnitt.

Die Zinsfunktion.

§ 1.

Continuirliche oder augenblickliche Verzinsung.

Der Endwerth des Kapitals 1 nach t Zeiteinheiten werde mit F(t) bezeichnet und Zinsfaktor dieser Zeitperiode genannt. Dann ist $\frac{1}{F(t)}$, d. i. dasjenige Kapital, welches in der gleichen Zeit zu 1 anwächst, der Diskontfaktor. Es handelt sich nun darum, bei gegebenem Maasse der Verzinsung, den Zinsfaktor F(t) zu bestimmen.

Die Funktion, welche F(t) darstellt, muss nach unseren Auseinandersetzungen folgende Bedingungen erfüllen:

Unter Zinsfuss war das Verhältniss des momentanen Werthzuwachses zu dem Kapital verstanden, aus welchem sich der Zins jeweilig berechnet. Diese Grösse war als die Constante der Verzinsung erkannt und zwar derart, dass, wenn sie für die Zeiteinheit z beträgt, auf das Zeitmoment z . dt trifft, sobald unter dt das Differential der Zeit verstanden wird. Bedeutet F′(t) den Differentialquotienten des Zinsfaktors nach der Zeit, also F′(t) . dt den momentanen Werthzuwachs, so ist hiernach für jeden beliebigen Werth von t die Gleichung

$$\frac{F'(t)\,dt}{F(t)} = z \cdot dt$$

zu erfüllen. Durch Integration erhält man

$$^{e}\lg F(t) = z \cdot t + c$$

und, indem man $c = \lg C$ setzt,

$$F(t) = Ce^{z \cdot t}$$

Dabei ist die Integrationsconstante durch die Bedingung $F(0) = 1$ bestimmt, da zu Beginn der Verzinsung das Kapital 1 vorhanden sein soll und es wird $c = 0$ beziehungsweise $C = 1$. Demnach gilt ganz allgemein:

$$F(t) = e^{z \cdot t}$$

Indem t alle Werthe von 0 ab durchläuft, gibt $F(t)$ an, zu welcher Grösse das ursprüngliche Kapital 1 innerhalb dieser Zeit anwächst und für alle negativen Werthe von t gibt die Funktion den Werth des Kapitals 1 vor t Zeiteinheiten. Schreibt man t positiv, so ist also der Diskontfaktor

$$D(t) = e^{-z \cdot t}$$

Nun ist bekanntlich

$$e^{z} = \lim \left(1 + \frac{z}{n}\right)^{n} \text{ für } n = \infty$$

$$\text{und } e^{zt} = \lim \left(1 + \frac{z\,t}{n}\right)^{n} \quad \text{„ „ „}$$

Der Ausdruck $F(t) = \left(1 + \frac{z\,t}{n}\right)\left(1 + \frac{z\,t}{n}\right)\left(1 + \frac{z\,t}{n}\right) \ldots$ in inf. zeigt, dass der Zinszuschlag thatsächlich als ein augenblicklicher gedacht ist. Das Kapital 1 wächst nach einem beliebig kleinen Zeittheil $\frac{t}{n}$ an zu $1 + \frac{z\,t}{n}$, dieses Kapital $1 + \frac{z\,t}{n}$ zu $\left(1 + \frac{z\,t}{n}\right)^{2}$ im nächsten Zeittheil u. s. f., bis der Schlusswerth $\left(1 + \frac{z\,t}{n}\right)^{n}$ für $n = \infty$ erreicht ist.

Für die endliche Zeiteinheit $t = 1$ gibt der Funktionswerth

$$F(1) = e^{z}$$

den Exponenten des geometrischen Verhältnisses, nach welchem bei der besprochenen Zinsanlage von Zeiteinheit zu Zeiteinheit die aufeinanderfolgenden vermehrten Kapitalwerthe fortschreiten, da man auch $F(t) = (e^{z})^{t}$ schreibt.

Hieraus wird ohne weiteres die Bedeutung klar, welche der Basis der natürlichen Logarithmen in der Zinsrechnung zukommt. Denn für $t = \frac{1}{z}$ wird

$$F\left(\frac{1}{z}\right) = e \text{ bezw. } D\left(\frac{1}{z}\right) = \frac{1}{e}$$

„Die Basis der natürlichen Logarithmen e gleich 2,71828..... ist der Endwerth des Kapitals 1 sammt Zinsen und Zinseszinsen, welche in den kleinsten Theilen realisirbar gedacht sind, nach Umlauf der Zeit, innerhalb welcher die einfache Summe der Zinsen aus dem Kapitale 1 gerade diesem selbst gleichkommt.“

Der reciproke Werth $\frac{1}{e} = 0{,}367879\ldots$ wächst in der gleichen Zeit zu 1 an. —

§ 2.

Discontinuirliche Verzinsung.

Lässt man bei der Darstellungsweise des Zinsfaktors e^z als das n malige Produkt der Grösse $1 + \frac{z}{n}$ die Bedingung $n = \infty$ fallen, so deutet sich die Potenz $\left(1 + \frac{z}{n}\right)^n$ für welche wir symbolisch $F\left(\frac{1}{n}\right)$ schreiben als der Endwerth des Kapitals 1 nach der Zeiteinheit, wenn die aus dem Zinsfuss z sich berechnenden Proportionaltheile den Zinsen nicht augenblicklich, sondern nur je in $\frac{1}{n}$ der Zeiteinheit kapitalisirt werden können. Dann beträgt der Zinsfaktor der Zeit t

$$F\left(\frac{t}{n}\right) = \left(1 + \frac{z}{n}\right)^{tn}$$

Nur für $n = \infty$ war die Möglichkeit gegeben, dafür

$$\left(1 + \frac{zt}{n}\right)^n$$

zu setzen, und es kann hier gleich auf diesen wesentlichen Unterschied der Funktionen $F\left(\frac{t}{\infty}\right)$, wofür wir kurz F(t) geschrieben haben, und $F\left(\frac{t}{n}\right)$ aufmerksam gemacht werden. So lange n endlich bleibt, ist der Zinsfaktor n i c h t eine hinsichtlich des Zinsfusses und der Zeit symmetrische Funktion.

Die Verzinsung ist derart zu verstehen, dass die Zinsen des werbenden Kapitals $F\left(\frac{t}{n}\right)$, nämlich $F\left(\frac{t}{n}\right) \cdot \frac{z}{n}$, mit diesem zusammen den folgenden Zinsfaktor

$$\left(1+\frac{z}{n}\right)F\left(\frac{t}{n}\right)=\left(1+\frac{z}{n}\right)^{nt+1}$$

ergeben, wo t auch < 1 sein kann.

Es bleibt nun der streng mathematische Beweis dafür zu erbringen, dass man ohne dieses recurrirende Verfahren zum gleichen Endwerthe des Kapitals 1 gelangt, wenn man die Verzinsung desselben und diejenige der einzelnen Zinsen getrennt in die Rechnung einstellt.

Wir schreiben zu diesem Zwecke

$$F\left(\frac{1}{n}\right)=\sum_{r=0}^{r=n}\binom{n}{r}\left(\frac{z}{n}\right)^r$$

als die Entwicklung des Binoms $\left(1+\frac{z}{n}\right)^n$. Dabei ist bekanntlich $\binom{n}{r}=\frac{n(n-1)\ldots(n-r+1)}{1.2.3\ldots r}$

So bleibt nur die Bedeutung der einzelnen Glieder der Reihe zu untersuchen:

1 ist das ursprüngliche Kapital;

$n\cdot\frac{z}{n}$ ist die Summe aller einfachen ersten Zinsen des Kapitals 1;

$\binom{n}{2}\left(\frac{z}{n}\right)^2$ ist die Summe aller einfachen Zinsen aus den ersten Zinsen $\frac{z}{n}$ des Kapitals, welche der Reihe nach $n-1$, $n-2$, $n-3$, ... 1mal auftreten.

Man hat nämlich:

$$\frac{z}{n}\left\{(n-1)\frac{z}{n}+(n-2)\frac{z}{n}+\ldots+\frac{z}{n}\right\}=\left(\frac{z}{n}\right)^2\frac{(n-1)n}{2}$$

q. e. d.;

$\binom{n}{3}\left(\frac{z}{n}\right)^3$ ist die Summe aller dritten Zinsen, d. i. aller ersten einfachen Zinsen aus allen zweiten Zinsen.

Man hat nämlich $n-2$mal den Zins $\frac{z}{n}$ aus $\left(\frac{z}{n}\right)^2$

$n-3$ „ „ „ „ „ $2\left(\frac{z}{n}\right)^2$

$n-4$ „ „ „ „ „ $3\left(\frac{z}{n}\right)^2$ u. s. f.

und die Summe ist

$$\left(\frac{z}{n}\right)^3\left\{(n-2)+(n-3)2+(n-4)3+\ldots+(n-(n-1))\,(n-2)\right\}$$
$$=\left(\frac{z}{n}\right)^3\binom{n}{3}$$

Für das allgemeine Glied der Reihe ist die Identität mit der Summe aller vorkommenden rten Zinsen, d. i. aller ersten einfachen Zinsen aus allen vorhergehenden der Ordnung (r — 1) zu erweisen.

Man hat nämlich:

$$\begin{array}{lll} n-r+1 & \text{mal den Zins } \frac{z}{n} \text{ aus} & G_1^{\,r-2}\left(\frac{z}{n}\right)^{r-1} \\ n-r & \text{,, ,, ,, ,, ,,} & G_2^{\,r-2}\left(\frac{z}{n}\right)^{r-1} \\ n-r-1 & \text{,, ,, ,, ,, ,,} & G_3^{\,r-2}\left(\frac{z}{n}\right)^{r-1} \\ \vdots & & \\ 1 & \text{,, ,, ,, ,, ,,} & G_{n-r+1}^{\,r-2}\left(\frac{z}{n}\right)^{r-1} \end{array}$$

wobei $G_1^{\,r-2}$, $G_2^{\,r-2}$, ... die aufeinander folgenden Glieder der r — 2ten figurirten Reihe bedeuten. Denn die Zahlen, um die es sich hier handelt, bilden sich aus den Reihen der natürlichen Zahlen durch schrittweise Addition jeden Gliedes zu dem nächsthöheren Glied der vorhergehenden Reihe, so dass jedes mte Glied die Summe aller m Glieder der vorhergehenden Reihe ist:

0te Reihe	1	1	1	1	1	1	. . .
1te „	1	2	3	4	5	6	. . .
2te „	1	3	6	10	15	21	. . .
3te „	1	4	10	20	35	56	. . .

Die Glieder der r — 2ten Reihe geben als Summen aller Glieder der vorhergehenden Reihe einzeln an, von wie vielerlei Posten r — 1ten Zinses der nächsthöhere, also rte Zins bis zum Schlusse der n Perioden vorkommt. An den ersten beiden Reihen G^0 und G^1, welche zur Berechnung der Summen aller zweiten und dritten Zinsen dienten, kann man sich diese Ueberlegung durch ein Beispiel klar machen.

Nun gilt die Gleichung

$$G_m^{\,r-2} = \frac{m\,(m+1)\,(m+2)\ldots(m+r-3)}{(r-2)\,!} = \binom{m+r-3}{m-1}$$

also $G_1^{r-2}=1$ $G_2^{r-2}=\frac{2.3..(r-2)(r-1)}{(r-2)!}=r-1$ $G_3^{r-2}=\frac{(r-1)r}{2}$ u. s. w., und man hat demnach zu summiren:

$$\left(\frac{z}{n}\right)^r\cdot\left\{(n-r+1)\binom{r-2}{0}+(n-r)\binom{r-1}{1}+(n-r-1)\binom{r}{2}+(n-r-2)\binom{r+1}{3}\right.$$
$$\left.+\ldots+1\cdot\binom{n-2}{n-r}\right\}$$

Das Bildungsgesetz dieser Reihe ist leicht zu erkennen und die Addition derselben gelingt durch eine bekannte Eigenschaft der Binomialcoefficienten, wonach

$$\binom{r}{1}=\binom{r-1}{0}+\binom{r-1}{1},\quad \text{also}\quad \binom{r-1}{1}=\binom{r}{1}-\binom{r-1}{0}$$
$$\binom{r}{2}=\binom{r+1}{2}-\binom{r}{1}$$
$$\binom{r+1}{3}=\binom{r+2}{3}-\binom{r+1}{2}\quad \text{etc. etc.}$$

Daher schreibt sich die Summe aller rten Zinsen symbolisch

$$\left(\frac{z}{n}\right)^r\sum_{\lambda=0}^{\lambda=n-r}\binom{r+\lambda-1}{\lambda}=\binom{n}{n-r}\left(\frac{z}{n}\right)^r=\binom{n}{r}\left(\frac{z}{n}\right)^r$$

Diese Summe ist also, wie wir beweisen wollten, gleich dem $r+1$sten Gliede der Binomialreihe $\left(1+\frac{z}{n}\right)^n=\sum_{r=0}^{r=n}\binom{n}{r}\left(\frac{z}{n}\right)^r$. Man kann sich durch Ueberlegung in Uebereinstimmung mit der Rechnung klar machen, dass innerhalb der n Zinsperioden ein rter Zins sich so oft ergibt, als die Anzahl der Zinsperioden n sich zu je r gruppenweise zusammenfassen lassen; diese Combinationszahl ist durch $\binom{n}{r}$ gegeben.

Damit ist also bewiesen, dass die Summanden der Binomialreihe nacheinander die sämmtlichen Zinsen neben dem Kapital selbst darstellen. Man gelangt sonach thatsächlich zu dem gleichen Endwerth, wenn man einerseits die jeweils fälligen Zinsen sofort kapitalisirt und aus dem so vermehrten Kapitale die nächsten Zinsen berechnet oder andererseits die einfachen Zinsen aus dem ursprünglichen Kapital sowohl wie aus den anfallenden Zinsen selbst wieder einzeln berechnet und am Schlusse summirt. —

Wenn für die Augenblicksverzinsung die Constante c eine

besondere Deutung erfahren hat, so findet sich für die eben besprochene Verzinsung ein Analogon in der Grösse

$$\varepsilon_n = \left(1 + \frac{z}{n}\right)^{\frac{n}{z}}$$

Dabei ist ε_n der Endwerth des Kapitals innerhalb der Zeit, für welche die Summe der ersten Zinsen allein dem Kapitale (= 1) selbst gleichkommt $\left(t = \frac{1}{z}\right)$ und es besteht die Ungleichung:

$$2 < \varepsilon_n < 2{,}71828\ldots$$

Setzt man den speziellen Fall $n = 1$ voraus, macht also die Annahme, dass die Kapitalisirung des Zinses überhaupt nur in der Zeiteinheit erfolgen könne, der angegebene Zinsfuss z demnach den ganzen Kapitalüberschuss darstellt, so ist

$$F\left(\frac{t}{1}\right) = (1 + z)^t \text{ und } \varepsilon_1 = (1 + z)^{\frac{1}{z}}. \text{ —}$$

Fragt man allgemein, innerhalb welcher Zeit das Kapital 1 zu m anwächst, so findet man aus

$$\left(1 + \frac{z}{n}\right)^{xn} = m,$$

$$x = \frac{{}^{e}\lg m}{n\,{}^{e}\lg\left(1 + \frac{z}{n}\right)} = \frac{{}^{e}\lg m}{z - \frac{z^2}{2n} + \ldots} = {}^{e}\lg m \left\{\frac{1}{z} + \ldots\right\}$$

Man hat es in der Hand, die Genauigkeit bei Berechnung von x beliebig weit zu treiben; als erster Näherungswerth für x erscheint $x = \frac{\lg m}{z}$, d. i. der exacte Werth für $n = \infty$. Man darf also mit dem Zinsfuss nur in den natürlichen Logarithmus der Zahl m dividiren, um näherungsweise die Zeit zu bestimmen, innerhalb deren ein Kapital durch Zinseszins zum m-fachen Werth anwächst. **Dieser Näherungswerth wird für jeden Werth von n durch die augenblickliche Verzinsung gegeben.**

Beispielsweise gilt für die Verdoppelung des Kapitals

$$x = \frac{0{,}69315}{z}$$

und dieses Resultat stimmt mit der von Baerlocher*) ange-

*) Baerlocher, Handbuch der Zinseszins-, Renten-, Anleihen- und Obligationen-Rechnung. Zürich 1886.

führten Regel überein, dass man mit dem Prozentsatze der Verzinsung in die runde Zahl 70 dividiren müsse, um zu erfahren, innerhalb welcher Zeit sich ein Kapital verdoppelt.

Für $m = e$ hat man für jeden Werth von n als Näherungswerth $x = \frac{1}{z}$, welcher wiederum für die Augenblicksverzinsung den exacten Werth darstellt. Wenn man die Wirkung verschiedener Zinsanlagen vergleichen will, fragt man also zweckmässig darnach, innerhalb welcher Zeit das Endresultat gleich e wird und man hat dann nur die reciproken Werthe der Zinssätze zu vergleichen.

§ 3.

Die augenblickliche Verzinsung als typische Form.

Die Verzinsung $F\left(\frac{t}{n}\right)$ lässt sich durch eine gleichwerthige augenblickliche $F(t)$ ersetzen, sobald nur die Relation

$$\left(1 + \frac{z}{n}\right)^{nt} = e^{\zeta . t}$$

erfüllt wird, d. h. der Zinsfuss der Augenblicksverzinsung bestimmt sich aus z als

$$\zeta = n \lg\left(1 + \frac{z}{n}\right)$$

$$\text{bezw. } \frac{\zeta}{n} = \lg\left(1 + \frac{z}{n}\right).$$

$\frac{\zeta}{n}$ und $\frac{z}{n}$ sind gleichwerthige Zinsfüsse für $\frac{\zeta}{n}$ unter der Voraussetzung der Kapitalisirung des Zinses in seinen kleinsten Theilen, während $\frac{z}{n}$ den einfachen Zinszuschlag in $\frac{1}{n}$ der Zeiteinheit bedeutet.

Schreibt man $\left(1 + \frac{z}{n}\right)^{nt} = e^{\varphi_{\frac{1}{n}} \cdot z \cdot t}$, so ist $\varphi_{\frac{1}{n}}$ als der Quotient aus den gleichwerthigen Zinsfüssen $\frac{\zeta}{n}$ und $\frac{z}{n}$ definirt:

$$\varphi_{\frac{1}{n}} = \frac{\lg\left(1 + \frac{z}{n}\right)}{\frac{z}{n}}$$

Dieser Quotient spielt die Rolle eines **Reductionsfaktors** hinsichtlich beider Verzinsungsarten. Dabei ist zu bemerken, dass $\varphi_{\frac{1}{n}}$ entweder angibt, in welchem Verhältniss der Zinsfuss z zu reduciren ist, wenn man an Stelle der sprungweisen Verzinsung die augenblickliche setzt und den gleichen Endwerth in gleicher Zeit verlangt, oder aber $\varphi_{\frac{1}{n}}$ gibt an, in welchem Verhältniss bei augenblicklicher Verzinsung die Verzinsungsdauer reducirt werden darf, ohne das Endergebniss zu ändern.

Die wesentlichen Vortheile der Funktion e^{zt} kommen hier wieder zur Geltung. —

Die Vergleichung zweier beliebiger Verzinsungsmodalitäten ist unmittelbar durch das Verhältniss der einschlägigen Faktoren φ gegeben, denn wenn $\varphi_{\frac{m}{n}}$ die Zeit ist, welche das Kapital 1 bei Annahme von n Zinsterminen innerhalb der Zeiteinheit auf Zinseszins stehen muss, damit es den gleichen Endwerth gibt, wie bei m Terminen nach der Zeit 1, so ist

$$\varphi_{\frac{m}{n}} = \frac{\varphi_{\frac{1}{m}}}{\varphi_{\frac{1}{n}}} = \frac{\lg\left(1 + \frac{z}{m}\right)}{\frac{z}{m}} \cdot \frac{\frac{z}{n}}{\lg\left(1 + \frac{z}{n}\right)}$$

Für diesen einfachen Fall überzeugt man sich leicht, dass der Gleichung

$$\left(1 + \frac{z}{m}\right)^m = \left(\left(1 + \frac{z}{n}\right)^n\right)^x$$

der Werth $\varphi_{\frac{m}{n}}$ oder $x = \frac{m}{n} \cdot \dfrac{\lg\left(1 + \frac{z}{m}\right)}{\lg\left(1 + \frac{z}{n}\right)}$ entspricht.

Weniger einfach gestaltet sich die Sache, wenn man die mfache und die nfache Verzinsung derart in Beziehung setzen wollte, dass man nach dem Zinsfuss $\psi \cdot z$ fragt, welcher bei n Terminen einen Endwerth liefert, welcher der Verzinsung mit m Terminen bei gegebenem Zinsfuss z entspricht. Man ersieht sofort, dass aus der Gleichung

$$\left(1 + \psi \frac{z}{n}\right)^n = \left(1 + \frac{z}{m}\right)^m$$

ein Werth

$$\psi = \frac{\left(1+\frac{z}{m}\right)^{\frac{m}{n}} - 1}{\frac{z}{n}}$$

(gleich dem Verhältniss der Interusurien in der Zeit $\frac{1}{n}$ bei den zweierlei Verzinsungsmodalitäten) sich ergibt, mit welchem sich weit weniger leicht operiren lässt, wie mit den Faktoren φ, da sich die letzteren auf die Zeit und den Zinsfuss beziehen, ψ dagegen nur auf letzteren. —

Der Zinsfuss $\zeta = n \lg \left(1 + \frac{z}{n}\right)$ werde Zinskraft des Zinsfusses z genannt; er gibt an, welcher augenblicklichen Verzinsung, die doch das Maximum leistet, jene mit endlichen Zinsterminen gleichkommt.

Für den Fall n = 1, geht der Faktor $\varphi_{\frac{1}{n}}$ über in

$$\varphi = \frac{\lg (1+z)}{z}$$

d. h. die Augenblicksverzinsung $\varphi z = \zeta$ und die einfache z geben den gleichen Kapitalendwerth, nämlich $1 + z$; ζ ist der denkbar niedrigste Zinsfuss, auf die Zeiteinheit berechnet, welcher diesen Endwerth ermöglicht.

Für diesen speziellen Fall besteht noch eine interessante Beziehung.

Lässt man nämlich den Zinsfaktor F alle Werthe zwischen dem ursprünglichen Kapital und dem Endwerth F durchlaufen und bestimmt das arithmetische Mittel aller einschlägigen Diskontfaktoren, d. i. den Mittelworth aller Kapitalien, welche in der Zeiteinheit bei wechselnder Höhe der Verzinsung zu 1 anwachsen, so ist dasselbe als der Quotient zweier bestimmten Integrale gegeben, nämlich:

$$D_m = \frac{\int_1^F \frac{dF}{F}}{\int_1^F dF} = \frac{\lg F}{F-1}$$

Ersetzt man hierin F durch $1+z$, so bedeuten die zu $z = 0$ bis $z = z$ gehörigen Werthe von F die Zinsfaktoren der Zeiteinheit wenn der Zinsfuss zwischen 0 und z sich stetig ändert oder wenn man anderseits jeden Proportionaltheil von z als den auf die entsprechende Zeitquote treffenden einfachen Zins auffassen will, bedeuten sie den Zinsfaktor für diesen Proportionaltheil der Zeit 1.

Da nun hierfür speziell

$$D_m = \frac{\lg(1+z)}{z} = \varphi,$$

so ist das arithmetische Mittel der Diskontfaktoren beim einfachen Zins z, wenn man dieselben für alle zwischen 0 und 1 gelegenen Zeitmomente berechnet, gleich dem Verhältniss der gleichwerthigen Zinsfüsse ζ und z.

Anderseits ergibt sich durch Anwendung der Logarithmenreihe in der genügend convergenten Form:

$$\lg \frac{1+x}{1-x} = 2\left(x + \frac{x^3}{3} + \frac{x^5}{5} + \ldots\right),$$

wenn man $\frac{1+x}{1-x} = 1 + z$ setzt und sich auf das erste Glied der Reihenentwicklung beschränkt:

$$\lg(1+z) = \frac{z}{1+\frac{z}{2}} + \ldots$$

$$\varphi = \frac{\lg(1+z)}{z} = \frac{1}{1+\frac{z}{2}} + \ldots$$

d. h. das besagte arithmetische Mittel aller Discontfaktoren kann näherungsweise durch den nach Massgabe der einfachen Verzinsung gebildeten Discontfaktor für die Hälfte der Zeiteinheit ersetzt werden und die Zinskraft $\zeta = \lg(1+z)$ ist nichts anderes als der näherungsweise berechnete Werth für den am Schlusse der Zeiteinheit — des Jahres — entfallenden Zins in Mitte desselben.

Ganz analog würde man $\varphi_{\frac{1}{n}}$ näherungsweise durch $\frac{1}{1+\frac{z}{2n}}$ ersetzen.

Die Grösse φ wird uns übrigens später bei Berechnung der Kapitalwerthe augenblicklicher Renten aus jenen für Renten mit endlichen Terminen wieder entgegentreten. —

Der einer beliebigen Verzinsung mit endlicher Anzahl von Terminen gleichwerthige Augenblickszinsfuss ζ ist abhängig von den beiden Bestimmungsstücken z und n.

Nimmt man zunächst n constant und fragt nach den Aenderungen von ζ, wenn z variabel, so lässt sich von vornherein sagen, dass sich jede Zunahme im Zinsfuss z beim entsprechenden Zinsfuss ζ nur in geringerem Maasse wiederspiegeln kann. Und in der That folgt aus

$$\frac{\zeta}{n} = \lg\left(1 + \frac{z}{n}\right)$$

$$d\zeta = \frac{dz}{1 + \frac{z}{n}} \quad \text{oder} \quad d\left(\frac{\zeta}{n}\right) = \frac{d\left(\frac{z}{n}\right)}{1 + \frac{z}{n}},$$

was unsere Behauptung erweist. Dabei ist bemerkenswerth, dass der Zinsfaktor $1 + \frac{z}{n}$ sich als der Differentialquotient der einfachen Verzinsung nach der gleichwerthigen augenblicklichen darstellt.

Lässt man anderseits den Zinsfuss z unveränderlich, dagegen n variiren, so folgt aus

$$\frac{d\zeta}{dn} = \lg\left(1 + \frac{z}{n}\right) - \frac{\frac{z}{n}}{1 + \frac{z}{n}},$$

dass dieser Ausdruck stets positiv bleiben muss, aber mehr und mehr abnimmt. Es ist nämlich

$$\frac{d\zeta}{dn} = \frac{\zeta}{n} - \frac{\frac{z}{n}}{1 + \frac{z}{n}}$$

und hierin stellt das zweite Glied den vorauszahlbaren Zins*) für die Zeit $\frac{1}{n}$ dar, welcher offenbar kleiner sein muss als der Zins $\frac{\zeta}{n}$, da dieser in Summe seiner kleinsten Theile erst innerhalb der Zeit $\frac{1}{n}$ jenem gleichwerthig wird.

Die Zunahme der Zinstermine innerhalb der Zeiteinheit

*) Siehe Abschnitt II.

wird demnach, wenn z constant bleibt, in dem Zinsfuss der gleichwerthigen Augenblicksverzinsung eine mit wachsendem n kleiner werdende Zunahme bewirken.

§ 4.
Zur Construction von Zinstafeln.

Die allgemein üblichen Zinstafeln zerfallen in zwei Gruppen: erstens diejenigen, welche die Zinsen aus dem Kapitale 1 für kurze Zeitperioden, gewöhnlich für die einzelnen Tage eines Jahres angeben unter der Voraussetzung, dass bei einer jährlichen Verzinsung von z für das Kapital 1 auf t Tage eine solche von $\frac{t \cdot z}{365}$ treffe und hiernach der entsprechende Zinsfaktor $1 + \frac{t \cdot z}{365}$ beträgt.

Die entsprechenden Diskontfaktoren finden sich dann als die Werthe $\frac{1}{1 + \frac{t z}{365}}$, welche man anderseits auch in der bei der eigentlichen Diskontrechnung beliebten Form $1 - \frac{t z'}{365}$ geben kann.

Die zweite Gattung von Tafeln, welche auf der Verrechnung der Zinseszinsen beruhen, construiren sich aus der Formel

$$(1 + z)^m,$$

wenn m die Anzahl der Jahre gibt, innerhalb deren der jährlich mit z aus dem Kapital 1 entfallende Zins selbst kapitalisirt wird. Ganz analog berechnet man den Endwerth des Kapitals 1 nach einem Jahr — der Zeiteinheit —, wenn die Zinstheile je in Raten gleich $\frac{1}{n}$ des jährlichen Betrages kapitalisirt werden können, nach der Formel

$$\left(1 + \frac{z}{n}\right)^n;$$

fragt man also nach dem Endwerth eines Kapitals nach Verlauf von x Tagen innerhalb des Jahres, wenn x zwischen der λ und $(\lambda + 1)^{\text{ten}}$ Zinsperiode liegt, so erhält man durch Combination der zweierlei besagten Zinstafeln, wenn $t < \frac{365}{n}$,

$$F_x = \left(1 + \frac{z}{n}\right)^{\lambda}\left(1 + \frac{z\,t}{365}\right)$$

Sind mehrere Zeiteinheiten m und darüber x Tage verflossen, so ist der eben gewonnene Faktor noch mit der Grösse $\left(1 + \frac{z}{n}\right)^{mn}$ zu multipliciren.

Man ersieht schon hieraus, wieviel zweckmässiger es wäre, auch für jeden Bruchtheil der $\frac{1}{n}$ der Zeiteinheit umfassenden Zinsperiode den Zinsfaktor in der Form der Potenz zu schreiben und demnach als Zinsfaktor für x Tage den Ausdruck

$F_x = \left(1 + \frac{z}{n}\right)^{\frac{n \cdot x}{365}}$ zu setzen.

Ueber die Langwierigkeit einerseits und die Inkonsequenz dieser Formeln andererseits gelangt man durch die Annahme der augenblicklichen, d. i. continuirlichen und gleichmässigen Verzinsung ohne Weiteres hinweg.

Denn in dem Ausdrucke

$$F = e^{zt}$$

kann nun t jeden beliebigen Werth, grösser oder kleiner als die Zeiteinheit, annehmen und das Produkt des Zinsfusses für die Zeiteinheit in die verschiedenen Werthe von t gibt unmittelbar, als Exponent von e aufgefasst, in der zugehörigen Potenz den dieser Zeit entsprechenden Zinsfaktor.

Handelt es sich also beispielsweise um die Construktion einer Tafel, welche die Zinsfaktoren von Tag zu Tag bei einem angegebenen jährlichen Zinssatze enthält, so ergeben die zu der Vielfachen von $\frac{z}{365}$, welche als Logarithmen einer Tafel mit der Basis e aufgefasst werden, zugehörigen numeri unmittelbar die Zinsfaktoren selbst; durch die complementären Logarithmen, d. i. für die negativen Werthe der Exponenten, erhält man die zugehörigen Diskontfaktoren. Eine solche Logarithmentafel, wie sie beispielsweise im Thesaurus logarithmorum completus von Vega, Leipzig 1794, als Wolframii „Tabula logarithmorum naturalium" oder auch bei Callet, Tables portatives de logarithmes, Paris chez Didot 1795 zu finden ist, könnte demnach — für den speziellen Zweck entsprechend eingerichtet — unmittelbar die Stelle einer Zinstafel vertreten. — Die im Anhang gegegebenen, gekürzten Tafeln der Zinsfaktoren selbst für die verschiedenen Tage eines Jahres unter der Annahme einer augenblicklichen Verzinzung dürften sich insbesondere bei Berechnung der Schlusswerthe einer Sparkasseneinlage empfehlen. Was die Höhe des Zinsfusses anlangt, so kann derselbe jederzeit entsprechend der einmaligen Bestimmungsgleichung $z = n \lg \left(1 + \frac{z'}{n}\right)$ so gewählt werden, dass das auf ein Jahr entfallende Endergebniss einen durch andere Modalitäten der Verzinsung bestimmten Werth erhält. —

Wird der Zinsfaktor $e^{\zeta t}$ gesucht für einen Werth von ζ, welcher nicht in der berechneten Zinstafel enthalten ist und heisst der ζ zunächst liegende, in der Tafel vertretene Zinsfuss ζ_1, wo $\zeta > \zeta_1$ sein mag, so erhält man näherungsweise:

$$e^{\zeta t} = e^{\zeta_1 t} + (\zeta - \zeta_1)\, t \left\{1 + \frac{\zeta + \zeta_1}{2} \cdot t\right\}$$

wie man sich durch die bekannte Reihenentwicklung für $e^{\zeta t}$ leicht überzeugt.

Wenn t grösser als 1 ist, wird dieser Näherungsgrad im Allgemeinen nicht genügen, dagegen für $t \leqq 1$, also etwa wenn es sich um die Berechnung der Zinsfaktoren innerhalb eines Jahres handelt, sehr gut brauchbar sein.

Ist die Differenz zwischen ζ und ζ_1 gering, so erhält man beispielsweise für $t = 1$ schon durch die allererste Annäherung, wonach die Correktur an e^{ζ_1}, um den Näherungswerth von e^{ζ} zu berechnen, einfach $\zeta - \zeta_1$ beträgt, einen praktisch zulässigen Werth; die zweite Annäherung, wonach das additive Glied

$$(\zeta - \zeta_1)\left\{1 + \frac{\zeta + \zeta_1}{2}\right\}$$

beträgt, ergibt den Werth für e^{ζ} auf 4 bis 5 Dezimalstellen genau, verbürgt also noch die Hundert- bezw. Tausendtheile des gleichwerthigen procentualen Jahreszinsfusses*).

*) z. B. ergibt sich aus dem Zinsfaktor für $\zeta_1 = 5\,\%$ $e^{0{,}05} = 1{,}05127$ derjenige für $\zeta = 5^1/_4\,\%$ mit $1{,}05127 + 0{,}0025 \cdot 1{,}05125 = 1{,}05390$, was mit dem für $e^{0{,}0525}$ direkt berechneten Werth übereinstimmt. Der erste Näherungswerth würde sein:

$$1{,}0513 + 0{,}025 = 1{,}0538\ .$$

II. Abschnitt.

Kapital und ewige Rente.

§ 5.

Grundformeln für ewige Renten.

Der absolute Werthzuwachs des Kapitals 1 in der Zeit t in Folge der angesammelten Zinsen ist $\Phi(t) = F(t) - 1$. Derselbe ist je am Ende der Zeitperiode t überschüssig und durch diesen Zinsüberschuss wird je nach Verlauf der Zeit t aus dem Kapital 1 immer wieder die gleiche Summe in Form einer Rente nutzbar gemacht. Diese Rente, am Ende der Zeitperiode, also nachzahlbar gedacht, ist eine immerwährende oder ewige. Da man aber ferner jederzeit ein beliebiges Kapital als ein vermehrtes in Beziehung auf einen vorhergehenden Zeitpunkt ansehen kann, so lässt sich in Analogie der Gleichung

$$F(t) = 1 + \Phi(t)$$

auch das Kapital 1 in ein anderes kleineres und eine daraus fliessende, ewige nachzahlbare Rente zerlegen, nämlich:

$$1 = \frac{1}{F(t)} + \frac{\Phi(t)}{F(t)} = \frac{1}{F(t)} + \left(1 - \frac{1}{F(t)}\right)$$

In dieser Form bedeutet $\frac{1}{F(t)}$ dasjenige Kapital, welches nach der Zeit t zu 1 anwächst und es ist demnach der Klammerausdruck, nämlich

$$\Delta(t) = 1 - \frac{1}{F(t)}$$

so lange es sich nur um die Erhaltung des Kapitals auf der Höhe der Wertheinheit handelt, mit Rücksicht auf die Verzinsung innerhalb der nächstfolgenden t Zeiteinheiten, eine von vornherein überschüssige Grösse oder eine vorauszahlbare, ewige Rente. Man überblickt sofort, dass der für die Zeit t aufgezinste Werth der vorauszahlbaren Rente dem der nachzahlbaren gleichkommt. Demnach gilt der Satz:

„Ein Kapital kann stets in zwei Theile zerlegt werden, von welchen der eine mit seinen Zinsen nach beliebig gewählter Zeit dem vollen Werth des ursprünglichen Kapitals gleichkommt, während der Rest mit den auf ihn in der gleichen Zeit entfallenden Zinsen zusammen die vollen Zinsen des ursprünglichen Kapitals darstellt.“

In der Möglichkeit, die Theilung eines Kapitals in der angegebenen Weise stets zu wiederholen, ist das Wesen der vorauszahlbaren ewigen Renten begründet. Wir lernen also, wenn wir die auf die Zeit t entfallende Verzinsung jeweils vom Kapitalstamm trennen, zweierlei Formen derselben kennen, welche inhaltlich sich decken müssen: die Rechnung mit vorausgezahlten und jene mit nachgezahlten Zinsen. Keine verdient den Vorzug vor der anderen, obwohl man ziemlich allgemein mit nachzahlbarem Zins zu rechnen sich gewöhnt hat. Doch dürften die Fälle, wo Zinsen im Voraus erhoben werden, auch in der Praxis keineswegs selten sein.

Man sagt also, aus dem Kapital 1 fliesse alle t Zeiteinheiten der vorauszahlbare Zins $\Delta(t) = 1 - \frac{1}{F(t)} = 1 - D(t)$ oder gleichbedeutend der nachzahlbare Zins $\Phi(t) = F(t) - 1$.

Im ersteren Falle, wo $D(t) = 1 - \Delta(t)$, nennt man $\Delta(t)$ den Discontoabzug des Kapitals 1 für die Zeit t, d. i. der Abzug, den man am Kapitale (= 1) macht, wenn die Realisirung desselben auf einen um t Zeiteinheiten zurückgelegenen Zeitpunkt eintreten soll und man erkennt, wie sich die sogenannte einfache kaufmännische Discontrechnung unter diesen Fall unterordnet. Im Gegensatze hiezu hat man die Zinsrechnung im gewöhnlichen Sinne des Wortes unter der Gleichung $F(t) = 1 + \Phi(t)$ inbegriffen.

Für den einfachsten Fall mag ein Zahlen-Beispiel den gegenseitigen Zusammenhang zwischen $\Delta(t)$ und $\Phi(t)$ klar machen:

Für $t = 1$ soll $F = 1{,}04$ den Zinsfaktor darstellen, wobei eine Voraussetzung über die Art der Zinswirkung nicht gemacht werden braucht. Dann ist $D = \frac{1}{1,04} = 0,96154$ und $\Delta = 1 - 0,96154 = 0,03846$, dagegen $\Phi = 0,04$; zur Probe findet man auch $\Delta = \frac{0,04}{1,04} = 0,03846$. Die vorausgezahlten Zinsen zu 3,846 % und die nachgezahlten zu 4 % gerechnet, sind also gleichwerthig*). Die Sprachweise der Discontrechnung sagt: ein Kapital, welches erst nach Umlauf der Zeiteinheit flüssig wäre, hat jetzt den Werth 1 — 0,3846, wenn man mit einer nachzahlbaren Verzinsung von 4 % rechnet. Man bemerkt nebenbei, wie widersinnig es wäre, den Zins durchweg proportional der Zeit zu nehmen. Denn dann liesse sich die endliche Zeit $x = \frac{1}{\Delta} = \frac{1}{1 - D}$ angeben, derart, dass eine erst nach der Zeit x fällige Summe den gegenwärtigen Werth 0 hat.

Allgemein dient zur Umsetzung der nachzahlbaren in die vorauszahlbare Verzinsung und umgekehrt die Gleichung:

$$\Delta(t) = \frac{\Phi(t)}{1 + \Phi(t)} \text{ bezw. } \Phi(t) = \frac{\Delta(t)}{1 - \Delta(t)}$$

Wenn nun $\Delta(t)$ und $\Phi(t)$ ewige Renten aus dem Kapital 1 sind, so bedeuten die reciproken Werthe $\frac{1}{\Delta(t)}$ und $\frac{1}{\Phi(t)}$ diejenigen Kapitalwerthe, aus welchen die ewigen vorauszahlbaren, beziehungsweise nachzahlbaren Renten im Betrage 1 mit der Zeitperiode t sich ergeben. Demgemäss verstehen wir unter

V^t_e den Kapitalwerth der im Betrage 1 von t zu t Zeiteinheiten fälligen vorausbezahlbaren ewigen Rente, und unter

N^t_e den Kapitalwerth der entsprechenden nachzahlbaren:

$$V^t_e = \frac{F(t)}{F(t) - 1} = \frac{1}{1 - D(t)} \text{ und}$$

$$N^t_e = \frac{1}{F(t) - 1} = \frac{D(t)}{1 - D(t)}$$

Thatsächlich zinst sich, wenn man dem Kapitalwerthe V^t_e die Rente 1 entnimmt, der Rest $V^t_e - 1$ wieder zu V^t_e auf, da

$$(V^t_e - 1)\ F(t) = V^t_e$$

wird.

*) Beispielsweise vergleiche man Spitzer, Tabellen der Zinseszins- und Rentenrechnung, Wien bei Gerold 1865, 1875 und 1887.

Anderseits, wenn man das Kapital N^t_e aufzinst und hiernach die Rente 1 entnimmt, so bleibt als Rest N^t_e, da

$$N^t_e \cdot F(t) - 1 = N^t_e$$

sich erweist.

Man sieht, wie sich diese Operation ins Unendliche fortsetzen lässt und der Begriff der ewigen Rente sich hierdurch rechtfertigt.

Die Kapitalwerthe für die vorauszahlbare und nachzahlbare ewige Rente 1 unterscheiden sich natürlich um 1, d. i. den vollen einmaligen Betrag der Rente:

$$V^t_e = N^t_e + 1$$

Man bemerkt ferner, dass das Verhältniss $V^t_e : N^t_e$ zum Zinsfaktor F(t) zurückführt und dieser sich geradezu als das Verhältniss der Kapitalwerthe vorauszahlbarer und nachzahlbarer Renten mit der Fälligkeitsperiode t definiren liesse. Der entsprechende Diskontfaktor D(t) wäre das Verhältniss der vorausgezahlten und nachgezahlten Zinsen. —

Setzt man $t = 1$, so erhält man in den Grössen

$$V_e = \frac{F}{F-1}, \qquad N_e = \frac{1}{F-1}$$

die Kapitalwerthe für ewige Renten, die von Zeiteinheit zu Zeiteinheit im Betrage 1 fällig sind. Specialisiren wir noch weiter, um die geläufigsten Beispiele anführen zu können, so sei allenfalls $F = 1 + z$, wo man unter z einen einfachen Zinszuschlag versteht. Dann ist $N_e = \frac{1}{z}$ d. i. der reciproke Werth des Zinsfusses unter dem Namen Perpetuität als das Kapital bekannt, welches jährlich, d. i. eben je nach Ablauf der Zeiteinheit, den Zins 1 abwirft unter der Voraussetzung, dass gar keine Zinsen admassirt werden. —

Die Ableitung der Kapitalwerthe V_e und N_e wird gewöhnlich durch Summation unendlicher Reihen gegeben. Denn die aufeinanderfolgenden Potenzen der Discontfaktoren $D = \frac{1}{F}$, $D = \frac{1}{F^2}$ u. s. w. geben in ihrer Summe den Baarwerth einer solchen ewigen Rente, wenn man die Voraussetzung macht, dass die Zinsen je in der Zeiteinheit kapitalisirt werden können. Darnach ist

$$N_e = \frac{1}{F} + \frac{1}{F^2} + \quad . \; . \; . \; . \text{ in inf.}$$

$$V_e = 1 + \frac{1}{F} + \frac{1}{F^2} + \; . \; . \; . \text{ in inf.}$$

Diese Reihen summiren sich aber, da $F > 1$, bekanntich in

$$N_e = \frac{1}{F-1}$$

$$V_e = \frac{F}{F-1}$$

Bei der von uns gegebenen Ableitung für die allgemeinste Formel V_e^t, N_e^t ist über die Art der Zinswirkung, wie F aus dem ursprünglichen Kapital 1 sich bildet, keine Voraussetzung gemacht; die Annahme, von der wir ausgingen, war lediglich die, dass das Kapital 1 in der Zeit t stets den gleichen Zins abwirft. Die rein begrifflich hieraus abgeleiteten Werthe der kapitalisirten ewigen Renten stimmen mit dem Ergebniss der Reihensummirung, welche die Rechnung mit Zinseszinsen, nicht aber einfachen Zinsen erfordert, überein und es zeigt sich, dass die Annahme eines unendlich oft wiederkehrenden, periodischen Zinses aus einem bestimmten Kapitale implicite die Principien der Zinseszinsrechnung verlangt. Man dürfte nur versuchen wollen, die sogenannte harmonische Reihe

$$\frac{1}{1+z} + \frac{1}{1+2z} + \frac{1}{1+3z} + \; . \; . \; .$$

zu summiren, welche einfachen der Zeit proportionalen Zinszuschlag in infinitum annimmt*), um sich zu überzeugen, dass dieselbe, trotzdem ihre Glieder immer kleiner werden, keinen geschlossenen Werth repräsentirt. Man hat demnach, wenn die Nutzniessung eines Kapitals eine dauernde sein soll, allen Zins, welcher nicht in die Form der Rente übergeht, als werbendes Kapital aufzufassen. —

*) Ausführlicheres bei Lehr, Waldwerthrechnung und Statik. Zweiter Band des Handbuches für Forstwissenschaft von Lorey. Tübingen 1886.

Wenn wir den Zinsfaktor F(t) in der gewählten Schreibweise $e^{\zeta t}$ ausdrücken, finden wir als den allgemeinsten Ausdruck für den Kapitalwerth einer ewigen Rente, welche je im Betrage 1 in Zeitperioden von t Einheiten, vorauszahlbar oder nachzahlbar, fällig wird:

$$V_e^t = \frac{e^{\zeta t}}{e^{\zeta t} - 1} = \frac{1}{1 - e^{-\zeta t}} \text{ beziehungsweise}$$

$$N_e^t = \frac{e^{-\zeta t}}{1 - e^{-\zeta t}} = \frac{1}{e^{\zeta t} - 1}$$

Dabei ist ζ der Zinsfuss für die Zeiteinheit und kann an die Gleichung

$$\frac{\zeta}{n} = \lg\left(1 + \frac{z}{n}\right)$$

gebunden sein, aus welcher für $n = \infty$ $\zeta = z$ sich ergibt.

Den in den gebräuchlichen Tabellenwerken berechneten Tafeln dürften zweckmässig auch solche der Werthe V_e^t oder N_e^t beigegeben werden.

§ 6.

Ewige Renten mit ratenweiser Zahlung.

Der Betrag der Rente 1, welcher für die Zeit t berechnet war, kann innerhalb dieser Zeit in beliebigen Quoten fällig sein. Es fragt sich, wie gross der Kapitalwerth einer solchen ewigen Rente ist. Die Anzahl der Rententermine in der vollen Periode also in der Zeit t sei r; der Zinsfaktor für die Zeit $\frac{t}{r}$ sei $e^{\frac{\zeta t}{r}}$.

Wir können dann unmittelbar die Formeln des vorigen Paragraphen anwenden auf eine ewige Rente im Betrage $\frac{1}{r}$, so dass wir erhalten:

$$V_e^{\frac{t}{r}} = \frac{1}{r} \cdot \frac{1}{1 - e^{-\frac{\zeta t}{r}}} \quad \text{und} \quad N_e^{\frac{t}{r}} = \frac{1}{r} \cdot \frac{1}{e^{\frac{\zeta t}{r}} - 1}$$

Ist also beispielsweise nach dem Kapitalwerthe einer ewigen Rente gefragt, welche zu r gleichen Theilen je innerhalb der Zeit t im Betrage 1 fällig sein soll unter der Annahme, dass der Zinsfuss für die Zeit 1 z beträgt und der Zins n mal kapitalisirt werden kann, so löst sich diese Aufgabe mit den gegebenen allgemeinen Formeln, wenn man die weitere $\frac{\zeta}{n} = \lg\left(1 + \frac{z}{n}\right)$ hinzu nimmt; nämlich:

$$V^{\frac{t}{r}}_{\frac{e}{n}} = \frac{1}{r} \cdot \frac{1}{1 - \left(1 + \frac{z}{n}\right)^{-\frac{nt}{r}}} \quad \text{und} \quad N^{\frac{t}{r}}_{\frac{e}{n}} = \frac{1}{r} \cdot \frac{1}{\left(1 + \frac{z}{n}\right)^{\frac{nt}{r}} - 1}$$

Soll die Rente eine augenblickliche sein, d. i. in den kleinsten Theilen erhoben werden, so ist klar, dass die Kapitalwerthe der vorauszahlbaren und nachzahlbaren Renten gleich sein müssen. Für $r = \infty$ nimmt aber das Produkt $r\left\{e^{\frac{\zeta t}{r}} - 1\right\}$ zunächst den unbestimmten Ausdruck $\infty \times 0$ an, dessen wahrer Werth sich als $\zeta \cdot t$ erweist und es ist also

$$N^{\frac{t}{\infty}}_{\frac{e}{n}} = V^{\frac{t}{\infty}}_{\frac{e}{n}} = \frac{1}{\zeta t}$$

Setzt man der Kürze halber $t = 1$, so ergibt sich die Reciproke des Zinsfusses ζ als der Kapitalwerth einer augenblicklichen Rente, deren kleinste Theile in der Zeit 1 zusammen die Wertheinheit repräsentiren. Die Wahl der Zinstermine steht hierbei noch frei; nur ist ζ an die Gleichung $\frac{\zeta}{n} = \lg\left(1 + \frac{z}{n}\right)$ gebunden. Wird auch die Anzahl der Zinstermine ∞, so erhält man $(V_e) = (N_e) = \frac{1}{z}$, wozu man den unten folgenden Satz vergleichen mag.

Dass $\frac{1}{\zeta}$ der Kapitalwerth für eine augenblickliche Rente im Gesammtbetrage 1 ist, unter der Voraussetzung, dass je der Zinstheil $\frac{z}{n}$ kapitalisirt wird, leitet sich direkt dadurch ab, dass unter ζ der Gesammtbetrag der augenblicklichen Zinsen verstanden war, deren kleinste Theile eine augenblickliche Rente aus dem Kapitale 1 darstellen, wenn dieselben der n fachen Verzinsung $\left(1 + \frac{z}{n}\right)^n$ gleichwerthig waren. —

Als spezieller Fall bleibt nun derjenige zu behandeln, in welchem Zinstermin und Rententermin zusammenfallen, d. i.

wenn $tn = r$ wird und r — die auf die Zeit t entfallende Anzahl der Termine — eine positive ganze Zahl ist. Dann wird

$$V^t_{e\frac{n}{n}} = \frac{1}{nt} \cdot \frac{1}{1 - \left(1 + \frac{z}{n}\right)^{-1}}$$

$$N^t_{e\frac{n}{n}} = \frac{1}{nt} \cdot \frac{1}{\left(1 + \frac{z}{n}\right)^1 - 1}$$

und für $t = 1$

$$V_{e\frac{n}{n}} = \frac{1}{n} \cdot \frac{1 + \frac{z}{n}}{\frac{z}{n}} = \frac{1}{z} \cdot F = N_e F \text{ wo } F = 1 + \frac{z}{n}$$

$$\text{dagegen } N_{e\frac{n}{n}} = \frac{1}{z} = N_e$$

Die letztere Gleichung besagt:

„Der Kapitalwerth einer ewigen nachzahlbaren Rente im Betrage 1 ist unabhängig von der Anzahl der Zins- und Rententermine, sobald letztere zusammenfallen.“

Für vorauszahlbare Renten gilt der Satz ersichtlich nicht. Rechnet man aber mit vorausgezahlten Zinsen, so dass nun die Zinstermine und Rententermine sowohl für die Zeiteinheit als innerhalb derselben aufeinanderfallen, so kehrt sich das Verhältniss gerade um:

„Unter der Voraussetzung, dass die Zinsen im Voraus erhoben werden, ist der Kapitalwerth einer vorauszahlbaren ewigen Rente 1 unabhängig von der Anzahl der zwischenliegenden Renten- und Zinstermine, falls dieselben zusammentreffen.“

§ 7.

Veränderliche ewige Renten.

Wir hatten es bisher mit Renten zu thun, deren Betrag immer gleich der Wertheinheit oder deren Theilbeträge einem unveränderlichen Bruchtheil der Wertheinheit gleichkommen. In der Praxis kommen auch steigende und fallende Renten vor, und zwar kann hierbei die verschiedenartigste Gesetzmässigkeit vorgeschrieben sein. Wir beschränken uns auf die Darstellung der in geometrischer oder arithmetischer Progression veränderlichen ewigen Renten.

Aendert sich die Rente im geometrischen Verhältnisse λ, so muss $\lambda < 1$ sein, wenn der Kapitalwerth ein endlicher Ausdruck sein soll. Zur Bestimmung des Kapitalwerthes der ewigen vorauszahlbaren Rente $1, \lambda, \lambda^2, \lambda^3 \ldots$ in inf., bedienen wir uns einer ähnlichen Ueberlegung wie in § 5, welche zur Bestimmung der gleichbleibenden ewigen Rente führte: Wir zerlegen nämlich den Kapitalwerth 1 in einen Theil, der nach der Zeit t — der Rentenperiode — zu λ anwächst, dann ist der andere überschüssige Theil eine vorauszahlbare Rente.

An die Stelle des Kapitals 1 tritt nach t Zeiteinheiten λ, dann nach weiteren t Zeiteinheiten λ^2 u. s. f., so dass sich im gleichen Verhältnisse auch die vorausgezahlten Zinsen — Renten aus dem entsprechenden Kapitale — reduciren.

Aus $$1 \equiv \frac{\lambda}{F(t)} + \left(1 - \frac{\lambda}{F(t)}\right)$$

folgt der reciproke Werth des zweiten Gliedes direkt als der gesuchte Kapitalwerth der Rente:

$$_{\lambda}V_{e}^{t} = \frac{F(t)}{F(t) - \lambda} \quad \text{und hieraus} \quad _{\lambda}N_{e}^{t} = \frac{1}{F(t) - \lambda}$$

Der reciproke Werth von $_{\lambda}N_{e}^{t}$ ist hierbei der jeweils nach der Zeit t verfügbare Zinsüberschuss; denn wenn die Rente im Verhältniss λ fallen soll, so ist zu ihrer Gewähr auch nur ein je im Verhältniss λ reducirtes Kapital nöthig; der Ueberschuss über den Endwerth des Kapitales 1, nämlich F(t), also $F(t) - \lambda$, ist eine ewige nachzahlbare fallende Rente aus dem Kapitale 1 mit der Periode t.

Der Unterschied zwischen der in geometrischem Verhältnisse fallenden und der gleichbleibenden ewigen Rente drückt sich, wie man leicht erkennt, dadurch aus, dass an die Stelle des gewöhnlichen Diskontfaktors $\frac{1}{F(t)}$ der reducirte $\frac{\lambda}{F(t)}$ tritt.

Bei Betrachtung der in arithmetischer Reihe steigenden oder fallenden Rente gehen wir von dem einfachsten Falle aus, in welchem die Beträge der vorauszahlbaren oder nachzahlbaren

Rente die Glieder der natürlichen Zahlenreihe 1, 2, 3, 4, 5... sein sollen.

Die Kapitalwerthe derselben werden mit ${}_{+1}V_e^t$, ${}_{+1}N_e^t$ bezeichnet. Indem je nach Ablauf der Rentenperiode t der Betrag der Rente um die Einheit steigt, ist es nothwendig, dass für jede Rentenerhöhung, welche sich auf die Zeit ∞ erstreckt, der Kapitalwerth ${}_{+1}V_e^t$ bezw. ${}_{+1}N_e^t$ als Aequivalent eintritt. Der Kapitalwerth der steigenden ewigen Rente ist demnach nichts anderes als der gegenwärtige Kapitalwerth eines zu jedem Rententermine fälligen Kapitalbetrages in der Höhe von V_e^t bezw. N_e^t:

$$ {}_{+1}V_e^t = V_e^t \times V_e^t = (V_e^t)^2 $$

$$ {}_{+1}N_e^t = V_e^t \times N_e^t = F(t) \times (N_e^t)^2 $$

Man hat demnach den Satz:

> „Der Kapitalwerth einer mit dem Betrage 1 beginnenden, in bestimmten Perioden fälligen und je um den gleichen Betrag 1 über alle Grenzen wachsenden ewigen Rente ist gleich dem Quadrat des Kapitalwerthes der gleichbleibenden vorauszahlbaren Rente 1 — oder gleich dem Produkte aus den Kapitalwerthen der vorauszahlbaren und nachzahlbaren gleichbleibenden ewigen Rente 1, je nachdem es sich um eine vorauszahlbare oder nachzahlbare steigende Rente handelt.“

Auf Grund der für ${}_{+1}V_e^t$, ${}_{+1}N_e^t$ gegebenen Formeln lassen sich diejenigen für ewige Renten, die in beliebiger anderer arithmetischer Progression sich ändern, ableiten.

Nimmt die im Betrage 1 sofort beginnende Rente je um den Betrag d ab, so zerlegt man beispielsweise, um deren Kapitalwerth zu bestimmen, die gleichbleibende Rente 1 in zwei andere, davon die eine die besagte ist, die andere nachzahlbare dagegen mit d beginnt und je um den gleichen Betrag steigt:

$$\begin{aligned} V_e^t &= {}_{-d}V_e^t + d \cdot {}_{+1}N_e^t \\ {}_{-d}V_e^t &= V_e^t - d \cdot {}_{+1}N_e^t \\ &= V_e^t - d \cdot V_e^t \cdot N_e^t \\ &= V_e^t \{ 1 - d \cdot N_e^t \} \end{aligned}$$

Diese Gleichung hat nur Sinn, so lange der Klammerausdruck positiv, also $d < \frac{1}{N_e^t}$ bleibt; d. h. die Differenz der fallenden Rentenbeträge darf den aus dem Betrage 1 in der Zeit t sich ergebenden Zinsüberschuss $= \frac{1}{N_e^t}$ nicht überschreiten.

Die steigende Rente führt uns nun folgendermaassen zu unserem Ausgangspunkte zurück:

Lässt man den Betrag der Rente nicht gleich der Wertheinheit sein, sondern gleich dem Zinsüberschusse hieraus in der Zeit t, gleich $\Phi(t) = F(t) - 1$ und steigt derselbe jedesmal um Φ, so erhält man, wenn wir statt $\Phi(t)$ kurzweg Φ schreiben:

$${}_{+\Phi}N_e^t = \Phi \times {}_{+1}N_e^t = \Phi \cdot V_e^t \cdot N_e^t$$

Nun ist aber doch $\Phi \times N_e^t = 1$, also reducirt sich dieser Werth auf:

$${}_{+\Phi}N_e^t = V_e^t$$

Verlangt man, dass die Rente erstmals dem Betrage der vorausgezahlten Zinsen der Zeitperiode t gleichkomme und um diesen Betrag gleichmässig steigt, so hat man

${}_{+\Delta}V_e^t = \Delta \cdot (V_e^t)^2$ und hierbei ist $\Delta \cdot V_e^t = 1$ und man erhält:

$${}_{+\Delta}V_e^t = V_e^t$$

Diese Gleichungen für ${}_{+\Phi}N_e^t$ und ${}_{+\Delta}V_e^t$ bringen nichts anderes als die Identität von Kapital und daraus fliessenden Renten zum Ausdruck:

Man kann statt der gleichbleibenden ewigen Rente 1 aus dem Kapitale V_e^t eine gleichmässig steigende Rente mit dem Anfangswerthe gleich dem vorausgezahlten oder nachgezahlten Zins aus dem Kapital 1 beziehen.

Diese steigenden Renten sind die Summe der

Zinsen, welche aus den in infinitum gewährleisteten Rentenbeträgen 1 sich berechnen würden.

Um ein ganz einfaches Beispiel zu geben, überzeuge man sich, dass man aus dem Betrage von ℳ 26.—, welcher bei 4 % jährlichem nachzahlbaren Zins den Kapitalwerth einer jährlich im Betrage 1 vorauszahlbaren Rente repräsentirt, statt dessen eine steigende ewige nachzahlbare Rente in folgenden Sätzen erheben kann: nach 1 Jahr 4 ₰, nach 2 Jahren 8 ₰, nach 3 Jahren 12 ₰, nach x Jahren 4 x ₰ u. s. f. in infinitum oder statt dessen auch vorausgezahlt x . 0,3864 ₰. —

III. Abschnitt.

Endwerth aufhörender Renten.

§ 8.

Grundformeln für Endwerthe aufhörender Renten.

Die Kapitalwerthe einer ewigen Rente mit der Periode t waren allgemein mit V_e^t und N_e^t bezeichnet. Für $t = 1$ waren V_e und N_e die Baarwerthe einer je nach Ablauf der Zeiteinheit fälligen Rente 1. Unter der Annahme, dass in beiden Fällen die Verzinsung die gleiche ist, kann man an Stelle der ewigen Rente 1 mit der Periode 1 eine andere mit der Periode t setzen, deren Betrag dann aber gleich dem Endwerth aller in den zwischenliegenden Zeiteinheiten sammt Zinsen und Zinseszinsen angesammelten Renten ist. Bezeichnet man den Schlusswerth der t mal je im Betrage 1 gezahlten Rente sammt Zinsen, wenn sie vorauszahlbar ist, mit C_t und wenn nachzahlbar mit c_t, dann müssen nach dieser Auseinandersetzung die Gleichungen gelten:

$$C_t \cdot N_e^t = V_e \quad \text{und} \quad c_t \cdot N_e^t = N_e$$

und dadurch bestimmen sich:

$$C_t = \frac{V_e}{N_e^t} = F(t) \cdot \frac{V_e}{V_e^t} \quad \text{und}$$

$$c_t = \frac{N_e}{N_e^t} = F(t) \cdot \frac{N_e}{V_e^t}$$

Daher der Satz:

„Der Schlusswerth einer t mal in gleichem Betrage fälligen vorauszahlbaren oder nachzahlbaren Rente sammt ihren Zinsen ist gleich dem Quotienten aus den Kapitalwerthen zweier ewigen Renten, nämlich der vorauszahlbaren bezw. nachzahlbaren ewigen Rente mit der gleichen Periode (1) und dem Kapitalwerthe der nachzahlbaren ewigen Rente mit der t fachen Periode."

Schreibt man im Nenner statt der letztgenannten nachzahlbaren die vorauszahlbare Rente, so tritt der Faktor F(t) ein. —

Damit hat man die auf bestimmte Zeit laufenden, limitirten oder Zeit-Renten durch ewige bestimmt. Die Grösse C_t schreibt man gewöhnlich als $\sum_{t=1}^{t=t} F(t)$ und $c_{(t)} = \sum_{t=0}^{t=t-1} F(t)$, oder wenn man F(1) durch F, also F(t) durch F^t ersetzt,

$$C_t = \sum_{t=1}^{t=t} F^t \quad \text{und} \quad c_t = \sum_{t=0}^{t=t-1} F^t$$

Für die Richtigkeit der Formeln bürgt auch folgende Ueberlegung:

Admassirt man die Zinsen des Kapitalwerthes V_e oder N_e, anstatt demselben die jeweils fällige Rente zu entnehmen, die Zeitperiode t hindurch, so muss der Endwerth von V_e bezw. N_e sich zerlegen in die Summe aller einzelnen bis dahin admassirten Renten und den Kapitalwerth der ewigen Rente, welcher ja an jedem Rententermine der gleiche ist:

$$V_e \cdot F^t = C_t + V_e$$

$$N_e \cdot F^t = c_t + N_e$$

Daraus ergibt sich

$$C_t = V_e (F^t - 1) = \frac{V_e}{N_e^t}$$

$$c_t = N_e (F^t - 1) = \frac{N_e}{N_e^t}$$

und in der Schreibweise $C_t = V_e \cdot \Phi(t)$ und $c_t = N_e \cdot \Phi(t)$ spricht sich aus:

„Der Endwerth einer aufhörenden Rente ist nichts anderes als die nachgezahlte Verzinsung des Kapitalwerthes der ewigen Rente für die betreffende Zeit."

Dabei bestehen die Relationen

$$C_t - c_t = \frac{V_e - N_e}{N_e^t} = \frac{1}{N_e^t} = F^t - 1$$

und $C_t : c_t = V_e : N_e = F$, d. h.

„die Differenz der Endwerthe der admassirten vorauszahlbaren und nachzahlbaren aufhörenden Rente von gleicher Dauer ist gleich der ewigen je nach t Zeiteinheiten nachzahlbaren Rente aus dem Kapitale 1; das Verhältniss beider Schlusswerthe drückt sich durch den Zinsfaktor der Zeiteinheit aus."

Auf der Bestimmung der Grössen C_t und c_t beruht die Sparversicherung, bei welcher durch periodische Beiträge innerhalb bestimmter Zeit eine bestimmte Summe erworben wird: admassirt man den Betrag $\frac{1}{C_t}$ oder $\frac{1}{c_t}$ t mal mitsammt den anfallenden Zinsen und Zinseszinsen, so erhält man nach der Zeit t gerade das Kapital 1. —

§ 9.

Aufhörende Renten mit ratenweiser Zahlung.

Die bei Bestimmung der Grössen C_t und c_t gemachte Ueberlegung, welche dieselben als das Verhältniss zweier Ewigrenten erkennen lässt, bleibt bestehen, wenn die Zahl der Rententermine innerhalb der Zeiteinheit eine beliebige wird.

Entfallen auf die Zeiteinheit r Rententermine, also auf die ganze Rentendauer tr, so ist, wenn $V_e^{\frac{1}{r}}$ bezw. $N_e^{\frac{1}{r}}$ die ewige je im Betrage $\frac{1}{r}$ fällige Rente mit der vollen Periode 1 bedeuten:

$$C_{tr} \cdot N_e^t = V_e^{\frac{1}{r}}$$

$$c_{tr} \cdot N_e^t = N_e^{\frac{1}{r}}$$

wobei nur die Voraussetzung besteht, dass bei Bestimmung aller vorkommenden Grössen die gleiche Verzinsung zur Grundlage genommen wird. Demgemäss werden nach § 6 die gesuchten Werthe:

$$C_{tr} = \frac{e^{\zeta t} - 1}{r\left(1 - e^{-\frac{\zeta}{r}}\right)}$$

$$c_{tr} = \frac{e^{\zeta t} - 1}{r\left(e^{\frac{\zeta}{r}} - 1\right)}$$

Charakterisirt ζ den speziellen Werth $\zeta = n \lg\left(1 + \frac{z}{n}\right)$, so schreiben wir symbolisch:

$$C_{\frac{tr}{n}} = V^{\frac{1}{r}}_{\frac{e}{n}} : N^{t}_{\frac{e}{n}}$$

$$c_{\frac{tr}{n}} = N^{\frac{1}{r}}_{\frac{e}{n}} : N^{t}_{\frac{e}{n}}$$

Daraus erhält man folgende spezielle Werthe:

1) n und r endlich $C_{\frac{tr}{n}} = \frac{\left(1 + \frac{z}{n}\right)^{nt} - 1}{r\left\{1 - \left(1 + \frac{z}{n}\right)^{-\frac{n}{r}}\right\}}$;

$$c_{\frac{tr}{n}} = \frac{\left(1 + \frac{z}{n}\right)^{nt} - 1}{r\left\{\left(1 + \frac{z}{n}\right)^{\frac{n}{r}} - 1\right\}}$$

für $n = r$ $C_{\frac{tn}{n}} = \frac{\left(1 + \frac{z}{n}\right)^{nt} - 1}{z}\left(1 + \frac{z}{n}\right)$; $c_{\frac{tn}{n}} = \frac{\left(1 + \frac{z}{n}\right)^{nt} - 1}{z}$

2) n endlich, $r = \infty$ $C_{\frac{t\infty}{n}} = \frac{\left(1 + \frac{z}{n}\right)^{nt} - 1}{n \lg\left(1 + \frac{z}{n}\right)} = c_{\frac{t\infty}{n}} = \frac{e^{\zeta t} - 1}{\zeta}$

3) $n = \infty$, r endlich $C_{\frac{tr}{\infty}} = \frac{e^{zt} - 1}{r\left(1 - e^{-\frac{z}{r}}\right)}$; $c_{\frac{tr}{\infty}} = \frac{e^{zt} - 1}{r\left(e^{\frac{z}{r}} - 1\right)}$

4) $n = \infty = r$ $C_{\frac{t\infty}{\infty}} = \frac{e^{zt} - 1}{z} = c_{\frac{t\infty}{\infty}}$

Vergleicht man nun die so bestimmten Schlusswerthe admassirter Renten, welche in Theilraten fällig sind, mit den in

§ 8 bestimmten, deren Termine um die Zeiteinheit auseinanderliegen, unter Annahme gleichartiger Verzinsung in beiden Fällen, so erhält man aus

$$C_{tr} \cdot N_e^t = V_e^{\frac{1}{r}}$$

und $\underline{C_t \cdot N_e^t = V_e}$ die Relation:

$C_{tr} : C_t = V_e^{\frac{1}{r}} : V_e$; also auch für zwei beliebige Werthe von r:

$$C_{tr_1} : C_{tr_2} = V_e^{\frac{1}{r_1}} : V_e^{\frac{1}{r_2}}$$

und ebenso aus:

$$c_{tr} \cdot N_e^t = N_e^{\frac{1}{r}}$$

$\underline{c_t \cdot N_e^t = N_e}$ durch Division:

$c_{tr} : c_t = N_e^{\frac{1}{r}} : N_e$ oder

$$c_{tr_1} : c_{tr_2} = N_e^{\frac{1}{r_1}} : N_e^{\frac{1}{r_2}}$$

Daher der Satz:

„Das Verhältniss der Schlusswerthe einer aufhörenden Rente berechnet unter Annahme gleichbleibender Verzinsung mit verschiedener Anzahl von Rententerminen, ist unabhängig von der Dauer der Rente und gleich dem Verhältniss der Kapitalwerthe ewiger Renten je mit der gleichen Anzahl von Rententerminen.“

Bestimmt man beispielsweise das Verhältniss der Schlusswerthe einer Zeitrente nach t Jahren, wenn dieselbe erstens jeweils im vollen Betrage 1 von Zeiteinheit zu Zeiteinheit, zweitens als augenblickliche Rente admassirt wird, beidemal unter der Voraussetzung, dass der Zins z je nach Verlauf der Zeiteinheit kapitalisirt werden kann, so erhält man zunächst

$$c_{t\infty} = c_t \cdot \frac{N_e^{\frac{1}{\infty}}}{N_e} = c_t \cdot \frac{z}{\lg(1+z)}$$

oder auch $$\frac{c_t}{c_{t\infty}} = \frac{\lg(1+z)}{z} = \varphi.$$

Unter φ hatten wir früher den Reduktionsfaktor verstanden, welcher von der einfachen Verzinsung auf die augenblickliche überführt, und es wird also der Schlusswerth einer nachzahlbaren Zeitrente von beliebiger Dauer, deren Rententermine und Zinstermine sich über die Zeiteinheit erstrecken, gegen den Schlusswerth einer augenblicklichen Rente, wenn die Verzinsung die gleiche bleibt wie im ersten Falle, im gleichen Maasse reducirt, wie der Zinsfuss der augenblicklichen Verzinsung gegenüber dem gleichwerthigen einfachen Zinszuschlag. Nach der in § 3 ausgesprochenen Bedeutung von φ würde auch ein Näherungswerth von c_t dadurch erhalten, dass man $c_{t\infty}$ um die halbe Zeiteinheit zurückdiscontirt.

Bei vorauszahlbaren Renten würde das Verhältniss $\varphi \cdot F = \varphi \cdot (1+z)$ werden.

Hieran knüpft sich die Frage, ob allenfalls admassirte Werthe einer Rente unter Annahme verschiedener Zins- und Renten-Termine einander gleich werden können. Die Bedingung lautet für die vorauszahlbare Rente:

$$C_{\underline{\frac{tr_1}{n_1}}} = C_{\underline{\frac{tr_2}{n_2}}}$$

oder

$$V^{\frac{1}{r_1}}_{\frac{e}{n_1}} : V^{\frac{1}{r_2}}_{\frac{e}{n_2}} = N^{t}_{\frac{e}{n_1}} : N^{t}_{\frac{e}{n_2}}$$

$$\frac{e^{t\zeta_1} - 1}{e^{t\zeta_2} - 1} = \frac{r_1}{r_2} \cdot \frac{1 - e^{-\frac{\zeta_1}{r_1}}}{1 - e^{-\frac{\zeta_2}{r_2}}}$$

Wählt man die extremen Fälle $n_1 = r_1 = 1$ und $n_2 = r_2 = \infty$, so geht diese Bestimmungsgleichung über in:

$$\frac{(1+z)^t - 1}{e^{zt} - 1} = \frac{z}{1+z} : z = \frac{1}{1+z}$$

$$(1+z)^{t+1} - (1+z) = e^{zt} - 1$$

$$(1+z)^{t+1} - e^{zt} = z$$

Für $z = 0{,}05$ erhält man beispielsweise einen reellen Werth τ zwischen $t = 32$ und $t = 33$ *).

---

*) Baerlocher gibt ein Beispiel für die admassirte jährliche Rente im Betrage 1 bei einer Verzinsung von 5 % per Jahr und ander-

Solange $t < \tau$ ergibt die augenblickliche Rente einen kleineren Schlusswerth, wenn $t > \tau$ wird, einen grösseren.

Diesem Umstande wird in der Praxis in der Regel nicht die gehörige Würdigung zu Theil. Es ist aber ersichtlich, dass man beispielsweise bei einer Sparversicherung, deren Endwerth eine vorgegebene Summe ist, die Dauer der Rentenzahlung am zweckmässigsten so wählt, dass es ohne Einfluss bleibt, ob man die augenblickliche Rente bei augenblicklicher Verzinsung oder die jährliche Rente bei jährlicher Verzinsung admassirt.

Zu jedem vorgegebenen Zinsfuss gibt es eine in diesem Sinne eindeutig bestimmte Rentendauer.

Für die nachzahlbare Rente erscheint die gleiche Aufgabe widersinnig.

§ 10.

Veränderliche aufhörende Renten.

Wir fragen nach dem Schlusswerthe von Zeitrenten, deren einzelne Beträge in geometrischer oder arithmetrischer Progression fallen oder steigen.

Angenommen die Rente läuft t Zeiteinheiten und zwar in den Beträgen $1, \lambda, \lambda^2 \ldots \lambda^{t-1}$; die admassirten Werthe dieser in geometrischer Reihe fallenden Renten seien in früherer Schreibweise ${}_\lambda C_t$ und ${}_\lambda c_t$. Dann gilt nach Analogie der im § 8 gemachten Ueberlegung und nach den Formeln des § 7:

$$
\begin{aligned}
{}_\lambda C_t &- \frac{\lambda V_e}{\lambda^t N_e^t} \\
&= \frac{F}{F-\lambda} \cdot \left\{ F^t - \lambda^t \right\} \\
{}_\lambda c_t &= \frac{\lambda N_e}{\lambda^t N_e^t} = \frac{F^t - \lambda^t}{F - \lambda}
\end{aligned}
$$

Diese Werthe besitzen die gleiche Form wie jene für

seits eine halbjährliche Rente im Betrage von $\frac{1}{2}$ bei einer Verzinsung von $2\frac{1}{2}$ % für das halbe Jahr; die Abweichung des Resultates von dem des obigen allgemeineren Beispiels ist ohne Bedeutung; B. findet aus der Gleichung

$$1{,}05^{t+1} - 1{,}025^{2t+1} = 0{,}025 \text{ ebenfalls } t = \text{circa } 32 \text{ Jahre.}$$

C_t und c_t, sobald man dort nur statt der gleichbleibenden ewigen Renten die veränderlichen setzt. —

Aendern sich die Renten in arithmetischer Reihe, so behandeln wir wieder den einfachsten Fall unter der Annahme, dass eine innerhalb t Perioden mit den Beträgen 1, 2, 3, 4 ... t fälligen Rente den Schlusswerth $^{+1}C_t$ bezw. $^{+1}c_t$ annehme, je nachdem sie vorauszahlbar oder nachzahlbar gedacht ist.

Denkt man sich den admassirten Werth der bis zum Betrage t steigenden aufhörenden Rente nach der Zeit t um den Kapitalwerth einer ewigen Rente in diesem Höchstbetrage ergänzt, so lässt sich die so gewonnene Summe auch auffassen als Schlusswerth der bis zu diesem Zeitpunkt aufgesparten, t mal nacheinander benötigten Kapitalwerthe der gleichbleibenden ewigen Rente 1:

$$C_t \cdot V_e = {}^{+1}C_t + t \cdot V_e \text{ und } c_t \cdot N_e = {}^{+1}c_t + t \cdot N_e$$

$$\text{woraus } {}^{+1}C_t = V_e\,(C_t - t) \text{ und}$$

$$ {}^{+1}c_t = N_e\,(C_t - t)$$

Die Schlusswerte steigender Renten drücken sich demgemäss durch die Kapitalwerthe der einfachen ewigen Renten und die Schlusswerthe der vorauszahlbaren, gleichbleibenden Zeitrenten für die gleiche Zeitdauer aus.

Man sieht, dass diese admassirten Werthe $^{+1}C_t$ und $^{+1}c_t$ sich in ewige Renten zerlegen lassen, deren Betrag gleich dem Zinsüberschuss einer admassirten Zeitrente C_t über die algebraische Summe ihrer gleichbleibenden Beträge, also $C_t - t$ gleichkommt.

Ersetzt man C_t und c_t durch die gleichwerthigen Ausdrücke $\frac{V_e}{N_e^t}$ und $\frac{N_e}{N_e^t}$, so erhält man auch

$$ {}^{+1}C_t = N_e^t \cdot C_t \,\{C_t - t\}$$

$$ = (C_t)^2\, N_e^t - t \cdot V_e$$

$$ {}^{+1}c_t = N_e^t \cdot c_t \,\{C_t - t\}$$

$$ = c_t C_t \cdot N_e^t - t \cdot N_e$$

Nimmt die erstmals im Betrage 1 fällige Rente je um d ab, so bestimmt sich deren admassirter Werth zufolge der Gleichung

$$\begin{aligned} -{}^{d}C_t &= C_t - d \cdot {}^{+1}C_{t-1} \\ &= C_t - d\,(C_{t-1} - t + 1)\,V_e \\ &= C_t - d \cdot V_e\,(c_t - t) \end{aligned}$$

Diese Gleichung hat praktisch nur Sinn, so lange

$$d \leqq \frac{1}{t-1} \text{ u. s. f.}$$

§ 11.

Zur Construction von Rententafeln.

Wenn man Zinstafeln hat, welche die Werthe $F(t)$ einzeln entnehmen lassen, so kann man C_t und c_t durch fortgesetzte Summirung der Zinsfaktoren bestimmen:

$$C_t = \sum_{t=1}^{t=t} F(t)$$

$$c_t = \sum_{t=0}^{t=t-1} F(t)$$

Die Beziehung zwischen den Werthen der Tafeln für vorauszahlbare und nachzahlbare Renten ist gegeben durch die Gleichung

$$c_t = C_{t-1} + 1$$

weil sich der Schlusswerth der nachgezahlten admassirten Renten von dem der vorausgezahlten und um die Zeiteinheit gekürzten, um den vollen Betrag der Rente gleich 1 unterscheidet.

Um die Werthe von C_t und c_t unabhängig von $F(t)$ — hier F^t — nach einem recurrirenden Verfahren zu bestimmen, beachte man die Gleichungen

$$C_t - C_{t-1} = F^t \quad \text{und} \quad c_t - c_{t-1} = F^{t-1}$$

$$C_{t+1} - C_t = F^{t+1} \quad \text{„} \quad c_{t+1} - c_t = F^t$$

d. h. die Differenzen der auf einander folgenden Werthe von C_t und c_t wachsen im geometrischen Verhältnisse, nämlich dem des Zinsfaktors F. Wenn man demnach die ersten beiden Werthe einer zu construirenden Tafel unabhängig bestimmt hat und zinst deren Differenz mit dem Zinsfaktor der Zeiteinheit, welcher konstant bleibt, auf, so erhält man die Differenz zwischen dem zweiten und dritten Gliede der Reihe u. s. f.

Ganz ähnlich verhält es sich, wenn man die Werthe von t in beliebiger arithmetischer Progression sich ändern lässt:

Handelt es sich um die Bestimmung der Schlusswerthe admassirter Renten, deren Dauer je um n Zeiteinheiten verschieden sind, so ist aus

$$C_{t+n} - C_t = F^t \cdot C_n \quad \text{bezw.} \quad c_{t+n} - c_t = F^t \cdot c_n$$

$$\text{und } C_t - C_{t-n} = F^{t-n} \cdot C_n \quad \text{„} \quad c_t - c_{t-n} = F^{t-n} \cdot c_n$$

ersichtlich, dass die ersten Differenzen einer solchen Werthreihe im geometrischen Verhältnisse des der Periode n zugehörigen Zinsfaktors zunehmen.

Eine Tafel der reciproken Werthe von C_t oder c_t gibt diejenigen Beträge, welche in gleichen Perioden vorschussweise oder nachschussweise admassirt zum Kapital 1 innerhalb der variabeln Zeit t anwachsen. Man kann sich bei Berechnung einer solchen Tafel folgender Controlformel bedienen:

$$\sum_{t=t_1}^{t=t_2} \left(\frac{1}{C_t}\right) = \left(\frac{1}{V_e}\right) \cdot \sum_{t=t_1}^{t=t_2} N_e^t$$

$$\sum_{t=t_1}^{t=t_2} \left(\frac{1}{c_t}\right) = \left(\frac{1}{N_e}\right) \cdot \sum_{t=t_1}^{t=t_2} N_e^t$$

Dividirt man auf beiden Seiten mit der Zahl $t_2 - t_1 + 1$, so erhält man bei dieser Gelegenheit den Satz:

„Das arithmetische Mittel der zur Erwerbung des Kapitales 1 innerhalb der Zeit t nothwendigen Renten für die zwischen t_1 und t_2 gelegenen ganzen positiven Werthe von t ist gleich der ewigen Rente aus einem Kapitale, welches sich als das Mittel der Kapitalwerthe für ewige Renten mit den einzelnen Perioden t_1 bis t_2 darstellt."

IV. Abschnitt.

Kapitalwerth aufhörender Renten.

§ 12.

Grundformeln für Kapitalwerthe aufhörender Renten.

Wir haben unter limitirter oder Zeitrente eine auf bestimmte Zeit zahlbare aufhörende Rente im Gegensatze zur ewigen oder immerwährenden verstanden und fragen nun nach dem gegenwärtigen oder Kapital-Werth einer solchen, d. i. derjenigen Summe, welche mitsammt den anfallenden Zinsen nothwendig ist und hinreicht, um den Bezug dieser Rente zu garantiren. Mit Ablauf derselben ist das ursprüngliche Kapital verbraucht und ist in die Form aller admassirter Werthe der nach einander fälligen Renten übergeführt. Damit ist der Zusammenhang mit den Ausführungen des vorigen Abschnitts klar gelegt:

Wenn die gesuchten Kapitalwerthe für eine vorauszahlbare oder nachzahlbare Zeitrente 1 der Dauer t mit V_t und N_t bezeichnet werden, so müssen deren für die Zeit t aufgezinsten Werthe gleich der Summe aller entsprechend aufgezinsten Renten im Betrage 1 sein:

$$V_t \cdot F(t) = C_t$$
$$N_t \cdot F(t) = c_t$$

Ersetzt man C_t und c_t durch ihre entsprechenden Werthe (§ 8), so wird

$$V_t = \frac{V_e}{V_e^t}$$

$$N_t = \frac{N_e}{V_e^t}$$

Daraus der Satz:

„Die Kapitalwerthe der mit der Periode 1 vorauszahlbaren oder nachzahlbaren Zeitrente der Dauer t bestimmen sich als die Quotienten zweier ewigen Renten, deren Perioden im Verhältniss 1 : t stehen, nämlich der vorauszahlbaren bezw. nachzahlbaren ewigen Rente der Periode 1 und der vorauszahlbaren ewigen Rente der Periode t."

Dieses Resultat lässt sich direkt ohne Rechnung ableiten, denn man kann eine ewige Rente der Periode 1 durch eine vorauszahlbare ewige Rente der Periode t ersetzen, deren Betrag alsdann dem Kapitalwerthe V_t bezw. N_t der auf die zwischenliegenden t Zeiteinheiten entfallenden Rentenbeträge gleichkommen muss:

$$V_e = V_t \times \overset{t}{V_e} \quad \text{und} \quad N_e = N_t \times \overset{t}{V_e}$$

Man entwickelt sich diese Kapitalwerthe der Zeitrenten wohl auch noch folgendermassen:

Ergänzt man den Jetztwerth einer limitirten Rente um den gegenwärtigen Werth einer erst nach t Zeiteinheiten beginnenden ewigen Rente, so muss die Summe beider Grössen dem Kapitalwerth einer sofort beginnenden ewigen Rente gleichkommen:

$$V_t + V_e D(t) = V_e$$
$$N_t + N_e D(t) = N_e$$

und aus diesen Gleichungen folgt:

$$V_t = V_e (1 - D(t)) = \frac{V_e}{\overset{t}{V_e}} \text{ oder } \frac{1-D(t)}{1-D}$$

$$N_t = N_e (1 - D(t)) = \frac{N_e}{\overset{t}{V_e}} \text{ oder } \frac{1-D(t)}{1-D} D.\text{*)}$$

Ersetzt man anderseits den Ausdruck $1 - D(t)$ durch die in § 5 Abschnitt II erörterte Grösse Δ_t und schreibt also

$$V_t = V_e \cdot \Delta_t \quad \text{und} \quad N_t = N_e \cdot \Delta_t$$

---

*) Zu den Formeln $\frac{1-D(t)}{1-D}$ und $\frac{1-D(t)}{1-D} \cdot D$, welche man auch als die Summe geometrischer Reihen darstellen kann, gelangt Fleischhauer (Theorie und Praxis der Rentenrechnung, Berlin 1875) direkt, indem er von dem Quotienten der Interusurien für die Zeitperiode t und Zeitperiode 1 ausgeht.

so erkennt man die Richtigkeit des Satzes:

„Der Kapitalwerth einer aufhörenden Rente ist nichts anderes als die vorausgezahlte Verzinsung für die gleiche Zeit vom Kapitalwerth der ewigen Rente.“

Ersetzt man die Kapitalwerthe der ewigen Rente durch die Zinsfunktionen, so wird

$$V_{\frac{t}{n}} = \frac{1 - e^{-\zeta t}}{1 - e^{-\zeta}}, \quad N_{\frac{t}{n}} = \frac{1 - e^{-\zeta t}}{e^{\zeta} - 1}$$

wobei $\frac{\zeta}{n} = \lg\left(1 + \frac{z}{n}\right)$ und für $n = \infty$ $\zeta = z$ wird, beziehungsweise ζ der Einheitszinsfuss ist.

Die Beziehung zwischen den Kapitalwerthen einer vorauszahlbaren und nachzahlbaren Zeitrente ist gegeben durch

$$V_t - N_t = \frac{V_e - N_e}{V_e^t} = \frac{1}{V_e^t} = 1 - e^{-\zeta t}$$

$$\text{und} \quad V_t : N_t = V_e : N_e = F = e^{\zeta}.$$

„Der Unterschied zwischen den Kapitalwerthen der vorauszahlbaren und der nachzahlbaren Zeitrente der Dauer t ist gleich der ewigen vorauszahlbaren Rente der Periode t aus dem Kapitale 1.*) Das Verhältniss beider Kapitalwerthe ist gleich dem Zinsfaktor der Zeiteinheit, wie bei ewigen Renten.“

§ 13.

Aufhörende Renten mit ratenweiser Zahlung.

Die Ueberlegung des vorigen Paragraphen, wonach jede Zeitrente als das Verhältniss zweier ewigen Renten aufgefasst werden kann, bleibt auch dann anwendbar, wenn die Rententermine nicht mit dem Schluss der vollen Zinsperiode 1 zusammenfallen. Wir setzen nunmehr voraus, dass auf die Zeiteinheit gleich der vollen Zinsperiode mit n Zinsterminen r Rententermine treffen und zwar gleichviel ob $r \gtrless 1$ ist, d. i. gleichviel ob die Theilbeträge der Renten kleiner oder grösser als der volle Betrag der Rente 1 sind. Immer bestehen die Gleichungen:

---

*) Für $t = \infty$ wird $V_e^t = 1$.

$$V^{\frac{1}{r}}_{\frac{t}{n}} \cdot V^{t}_{\frac{e}{n}} = V^{\frac{1}{r}}_{\frac{e}{n}}$$

$$\text{bezw.} \quad N^{\frac{1}{r}}_{\frac{t}{n}} \cdot V^{t}_{\frac{e}{n}} = N^{\frac{1}{r}}_{\frac{e}{n}}$$

Unter $V^{\frac{1}{r}}_{\frac{t}{n}}$ und $N^{\frac{1}{r}}_{\frac{t}{n}}$ sind dabei die gesuchten Kapitalwerthe für Renten verstanden, welche in t.r Theilbeträgen je $= \frac{1}{r}$ des auf die Zeiteinheit entfallenden Betrages erhoben werden sollen und wenn die Verzinsung derart stattfindet, dass die Zinstheile in der Zeiteinheit n mal kapitalisirt werden können.

Setzt man die Kapitalwerthe dieser Renten in Beziehung mit den im vorigen Paragraphen abgeleiteten Werthen $V_{\frac{t}{n}}$ und $N_{\frac{t}{n}}$, bei welchen die Rententermine mit den vollen Zinsperioden zusammentreffen, so erhält man aus

$$V^{\frac{1}{r}}_{\frac{t}{n}} \cdot V^{t}_{\frac{e}{n}} = V^{\frac{1}{r}}_{\frac{e}{n}}$$

und

$$V_{\frac{t}{n}} \cdot V^{t}_{\frac{e}{n}} = V_{\frac{e}{n}} \quad \text{durch Division}$$

$$V^{\frac{1}{r}}_{\frac{t}{n}} : V_{\frac{t}{n}} = V^{\frac{1}{r}}_{\frac{e}{n}} : V_{\frac{e}{n}}, \quad \text{also für zwei}$$

beliebige Werthe von r

$$V^{\frac{1}{r_1}}_{\frac{t}{n}} : V^{\frac{1}{r_2}}_{\frac{t}{n}} = V^{\frac{1}{r_1}}_{\frac{e}{n}} : V^{\frac{1}{r_2}}_{\frac{e}{n}}$$

und analog aus

$$N^{\frac{1}{r}}_{\frac{t}{n}} \cdot V^{t}_{\frac{e}{n}} = N^{\frac{1}{r}}_{\frac{e}{n}}$$

und

$$N_{\frac{t}{n}} \cdot V^{t}_{\frac{e}{n}} = N_{\frac{e}{n}}$$

$$N^{\frac{1}{r}}_{\frac{t}{n}} : N_{\frac{t}{n}} = N^{\frac{1}{r}}_{\frac{e}{n}} : N_{\frac{e}{n}}, \quad \text{daher auch}$$

$$N^{\frac{1}{r_1}}_{\frac{t}{n}} : N^{\frac{1}{r_2}}_{\frac{t}{n}} = N^{\frac{1}{r_1}}_{\frac{e}{n}} : N^{\frac{1}{r_2}}_{\frac{e}{n}}$$

Daher der Satz:

„Das Verhältniss der Kapitalwerthe für Renten mit verschiedenen Rententerminen, aber gleichen Zinsterminen ist unabhängig von der Dauer der Rente und gleich dem Verhältniss der entsprechenden ewigen Renten.“

Man hat also Tafeln zu konstruiren, welche dazu dienen sollen, aus dem Kapitalwerthe von Renten, deren Termine etwa den Zinsterminen oder auch der Zeiteinheit entsprechen, mittelst der hierfür berechneten Faktoren die Kapitalwerthe für Renten zu erhalten, deren Beträge innerhalb der Zeiteinheit in beliebigen anderen Theilraten erhoben werden. Von der öfters beliebten Methode, anstatt des Verhältnisses, welches als constant bewiesen wurde, die Differenz der Kapitalwerthe näherungsweise constant anzunehmen, steht man besser ab. Baerlocher hat in seinem schon erwähnten Buche die von ihm ergänzten logarithmischen Tafeln von Fédor Thoman wiedergegeben. Dort findet sich ebenfalls das Beispiel: man sucht den gegenwärtigen Werth für eine nachzahlbare, t Jahre laufende Rente, wenn der Zins innerhalb eines Jahres, für welches der Zinsfuss z festgesetzt ist, γ mal kapitalisirt werden kann und die Rente innerhalb eines Jahres in einer Anzahl von k Quoten je im Betrage $\frac{1}{k}$ realisirt wird. Nach unseren Grundformeln wird

$$N^{\frac{1}{k}}_{\frac{t}{\gamma}} = N^{\frac{1}{k}}_{\frac{e}{\gamma}} : V^{t}_{\frac{e}{\gamma}}$$

wobei $N^{\frac{1}{k}}_{\frac{e}{\gamma}} = \frac{1}{k\left(e^{\frac{\zeta}{k}} - 1\right)}$ und $V^{t}_{\frac{e}{\gamma}} = \frac{1}{1 - e^{-\zeta t}}$

unter der Voraussetzung $\frac{\zeta}{\gamma} = \lg\left(1 + \frac{z}{\gamma}\right)$. Man findet also:

$$N^{\frac{1}{k}}_{\frac{t}{\gamma}} = \frac{1}{k} \cdot \frac{1 - \left(1 + \frac{z}{\gamma}\right)^{-\gamma t}}{\left(1 + \frac{z}{\gamma}\right)^{\frac{\gamma}{k}} - 1}$$

$$= \frac{\frac{z}{k}}{\left(1 + \frac{z}{\gamma}\right)^{\frac{\gamma}{k}} - 1} \cdot \frac{1 - \left(1 + \frac{z}{\gamma}\right)^{-\gamma t}}{z}$$

Der erste Faktor, welcher das Verhältniss zweier Interusurien darstellt, ist die constante Grösse,*) mit welcher der Kapitalwerth der nachzahlbaren Zeitrente $\frac{1-\left(1+\frac{z}{\gamma}\right)^{-\gamma t}}{z}$, deren Theilbeträge an den jeweiligen Zinsterminen fällig gedacht sind, multiplicirt werden muss, wenn auf die Zeiteinheit k Rententermine treffen sollen. Derselbe ist unabhängig von t und nach unserer Auffassung das Verhältniss zweier ewigen Renten, da nach dem obigen Satze

$$N^{\frac{1}{k}}_{\frac{t}{\gamma}} = \left(\frac{N^{\frac{1}{k}}_{\frac{e}{\gamma}}}{N_e}\right) \cdot N^{\frac{1}{\gamma}}_{\frac{t}{\gamma}}$$

geschrieben werden kann, wobei $N^{\frac{1}{\gamma}}_{\frac{e}{\gamma}}$ nach § 6 durch N_e ersetzt ist. Man könnte aber ebenso gut die Form

$$N^{\frac{1}{k}}_{\frac{t}{\gamma}} = \left(\frac{N^{\frac{1}{k}}_{\frac{e}{\gamma}}}{N_{\frac{e}{\gamma}}}\right) \cdot N_{\frac{t}{\gamma}}$$

wählen, um den verlangten Kapitalwerth aus jenem einer Rente, welche je nach der Zeiteinheit ($=\gamma$ Zinsperioden) in vollem Betrage gezahlt wird, zu berechnen. Dann hätte man den oben gefundenen Werth von $N^{\frac{1}{k}}_{\frac{t}{\gamma}}$ umzuändern in:

$$N^{\frac{1}{k}}_{\frac{t}{\gamma}} = \frac{\left(1+\frac{z}{\gamma}\right)^{\gamma}-1}{k\left\{\left(1+\frac{z}{\gamma}\right)^{\frac{\gamma}{k}}-1\right\}} \cdot \frac{1-\left(1+\frac{z}{\gamma}\right)^{-\gamma t}}{\left(1+\frac{z}{\gamma}\right)^{\gamma}-1},$$

wobei der erste Faktor wieder unabhängig von t erscheint. —

Um die augenblickliche Rente durch diejenige auszudrücken, deren Termine mit der Zeiteinheit sich decken, hat man

*) Der hier in Frage kommende constante Factor hat die Form von $\frac{1}{\psi}$, wo ψ die in § 3 S. 20 oben besprochene Grösse bedeutet.

beispielsweise nach obigem nur den Faktor $\frac{V_e^{\frac{1}{\infty}}}{V_e}$ oder $\frac{N_e^{\frac{1}{\infty}}}{N_e}$ zu berechnen, wenn in beiden Fällen die gleichen Zinsperioden angenommen werden.

Nun ist aber $\frac{N_e^{\frac{1}{\infty}}}{N_e} = \frac{e^\zeta - 1}{\zeta}$, wobei $\zeta = n \lg\left(1 + \frac{z}{n}\right)$ zu setzen ist. Für den speziellen Fall $n = 1$ erhält man

$$\frac{N_e^{\frac{1}{\infty}}}{N_e} = \frac{z}{\lg(1+z)} = \frac{1}{\varphi}$$

und hieraus

$$\frac{V_e^{\frac{1}{\infty}}}{V_e} = \frac{1}{F} \cdot \frac{1}{\varphi}$$

Darnach hat man die Gleichungen

$$V_t^{\frac{1}{\infty}} = \frac{1}{\varphi} \cdot \frac{V_t}{F} = \frac{1}{\varphi} \cdot N_t$$

$$N_t^{\frac{1}{\infty}} = \left(\frac{1}{\varphi}\right) Nt = V_t^{\frac{1}{\infty}}$$

Wie selbstverständlich ist, müssen die Kapitalwerthe der vorauszahlbaren und nachzahlbaren Zeitrente mit augenblicklichen Terminen zusammenfallen. Der Werth derselben drückt sich durch die nachzahlbare Zeitrente mit dem der Einheit gleichen Rententermin aus, indem man den Kapitalwerth der letzteren mit dem bekannten Faktor φ, dem Verhältniss der gleichwerthigen Zinsfüsse, dividirt.*) —

Die allgemeinen Formeln:

$$V_{\frac{t}{n}}^{\frac{1}{r}} = \frac{1 - e^{-\zeta t}}{r\left(1 - e^{-\frac{\zeta}{r}}\right)} \text{ und } N_{\frac{t}{n}}^{\frac{1}{r}} = \frac{1 - e^{-\zeta t}}{r\left(e^{\frac{\zeta}{r}} - 1\right)},$$

zu welcher die Bestimmungsgleichung $\frac{\zeta}{n} = \lg\left(1 + \frac{z}{n}\right)$ tritt, nehmen folgende spezielle Werthe an:

---

*) Die Reductionsfaktoren φ und $\varphi \,.\, F$ bezw. deren Reciproke benützen beispielsweise auch Moser (Die Gesetze der Lebensdauer. Berlin 1839) und Brune (Berechnung der Lebensrenten und Anwartschaften. Lemgo 1820), um den Werth der Lebensversicherung, welche unmittelbar nach dem Tode bezahlt wird, zu berechnen aus dem Werthe der am Ende des Sterbejahres fälligen Summe.

1) n und r endlich $V^{\frac{1}{r}}_{\frac{t}{n}} = \dfrac{1-\left(1+\frac{z}{n}\right)^{-nt}}{r\left(1-\left(1+\frac{z}{n}\right)^{-\frac{n}{r}}\right)}$ und

$$N^{\frac{1}{r}}_{\frac{t}{n}} = \frac{1-\left(1+\frac{z}{n}\right)^{-nt}}{r\left(\left(1+\frac{z}{n}\right)^{\frac{n}{r}}-1\right)}$$

2) n = r $V^{\frac{1}{n}}_{\frac{t}{n}}$ oder $V_{t\frac{n}{n}} = \dfrac{1-\left(1+\frac{z}{n}\right)^{-nt}}{z}\cdot\left(1+\frac{z}{n}\right)$ und

$$N_{t\frac{n}{n}} = \frac{1-\left(1+\frac{z}{n}\right)^{-nt}}{z}$$

3) n endlich r = ∞ $V^{\frac{1}{\infty}}_{\frac{t}{n}} = \dfrac{1-\left(1+\frac{z}{n}\right)^{-nt}}{n\lg\left(1+\frac{z}{n}\right)} = N^{\frac{1}{\infty}}_{\frac{t}{n}}$

4) n = ∞ r endlich $V^{\frac{1}{r}}_{\frac{t}{\infty}} = \dfrac{1-e^{-zt}}{r\left(1-e^{-\frac{z}{r}}\right)}$ und $N^{\frac{1}{r}}_{\frac{t}{\infty}} = \dfrac{1-e^{-zt}}{r\left(e^{\frac{z}{r}}-1\right)}$

5) n = r = ∞ $V_{t\frac{\infty}{\infty}} = \dfrac{1-e^{-zt}}{z} = N_{t\frac{\infty}{\infty}}$ *)

§ 14.

Verallgemeinerung der Formeln.

Für eine aufhörende Rente bestehe die Voraussetzung, dass die zwischen den einzelnen Rententerminen liegenden Zeitperioden weder gleich der Zeiteinheit, noch dass dieselben überhaupt untereinander gleich seien.

Vielmehr seien die aufeinanderfolgenden Intervalle zwischen den einzelnen Rententerminen i_1, i_2, i_3 . . . i_n und dieselben mögen zusammen eine Periode von Σi_n Zeiteinheiten bilden,

---

*) Dieser Kapitalwerth für die augenblickliche Rente, berechnet unter der Annahme augenblicklicher Verzinsung, kann auch direkt durch das Integral $\int_0^t e^{-zt}dt$ bestimmt werden. Ebenso die allgemeinere Formel unter 3) durch $\int_0^t e^{-\zeta t}dt$ und $\frac{\zeta}{n} = \lg\left(1+\frac{z}{n}\right)$.

nach deren Umlauf zwischen zwei aufeinanderfolgenden Rententerminen wieder die Intervalle $i_1, i_2, \ldots$ eintreten.

Die Dauer der Rente sei t, und zwar als ganzes Vielfaches von Σi_n gedacht und es handle sich um die Bestimmung der Kapitalwerthe:

$$V_t(0, i_1, i_2, \ldots) \text{ bezw. } N_t(i_1, i_2, \ldots .)$$

Dann bezeichnen wir die analogen Kapitalwerthe für e w i g e Renten mit den Intervallen $i_1, i_2, \ldots i_n; i_1 \ldots .$ durch

$$V_e(0, i_1, i_2, \ldots .) \text{ bezw. } N_e(i_1, i_2, \ldots .)$$

Nach dem in den §§ 12 u. 13 vorgetragenen Principe, welches die Kapitalwerthe der Zeitrenten mit denjenigen für Ewigrenten in Beziehung setzt, müssen dann die Relationen erfüllt sein:

$$V_t(0, i_1, i_2 \ldots) V_e^t = V_e(0, i_1, i_2 \ldots)$$

$$N_t(i_1, i_2 \ldots \quad) V_e^t = N_e(i_1, i_2 \ldots)$$

Wenn es sich um die Konstruktion einer Rententafel handelt, wird man sich demgemäss die Werthe $V_e(0, i_1, i_2 \ldots)$ und $N_e(i_1, i_2 \ldots)$ ein für allemal bestimmen und kann sich aus denselben die Kapitalwerthe für die fraglichen Renten von beschränkter Dauer mittelst der als gegeben vorausgesetzten Hilfstafel $\frac{1}{V_e^t}$ für alle Werthe von t leicht berechnen.

Bei Berechnung eines einzelnen Werthes allerdings würde man sich für solche Zeitrenten, deren Termine keiner einfachen Gesetzmässigkeit unterworfen sind, die Kapitalwerthe durch Summation der den Zeiten i_1, $i_1 + i_2$, $i_1 + i_2 + i_3$, $\ldots . \Sigma i_n$, $\Sigma i_n + i_1$, $\ldots .$ bis t entsprechenden Discontfaktoren bestimmen.

Die Werthe $V_e(0, i_1, i_2 \ldots)$ und $N_e(i_1, i_2 \ldots)$ selbst bestimmen sich durch die Gleichung:

$$V_e(0, i_1, i_2 \ldots) = V_P(0, i_1, i_2 \ldots) V_e^P$$

$$N_e(i_1, i_2 \ldots \quad) = N_P(i_1, i_2 \ldots \quad) V_e^P$$

wenn man unter P die volle Periode $i_1 + i_2 + \ldots + i_n (= \Sigma i_n)$ versteht.

Man schreibt demnach obige Gleichungen auch so:

$$V_t(0\, i_1, i_2 \ldots)\, V_e^t = V_P(0\, i_1, i_2 \ldots)\, V_e^P$$

$$N_t(i_1, i_2 \ldots)\, V_e^t = N_P(i_1, i_2 \ldots)\, V_e^P$$

oder endlich: $$V_t(0\, i_1, i_2 \ldots) = V_P(0\, i_1, i_2 \ldots) \left(\frac{V_e^P}{V_e^t}\right)$$

$$N_t(i_1, i_2, \ldots .) = N_P(i_1, i_2 \ldots .) \left(\frac{V_e^P}{V_e^t}\right)$$

Hiernach handelt es sich, wenn die Grössen $i_1 \ldots . i_n$ gegeben sind, nur um die einmalige Bestimmung der Zeitrente mit einer Dauer gleich der vollen Periode $P = i_1 + i_2 + \ldots + i_n$, um daraus alle übrigen Werthe zu bestimmen.

Aus den zuletzt gegebenen Gleichungen erkennt man übrigens, dass bei gleicher Art der Vertheilung der einzelnen Rententermine innerhalb der Periode P das Verhältniss der beiden Kapitalwerthe von Renten, deren eine von beliebiger Dauer, die andere dagegen von der Dauer gleich der Periode P wird, von $i_1, i_2, \ldots$ unabhängig ist.

§ 15.

Veränderliche aufhörende Renten.

Die Kapitalwerthe von Zeitrenten, deren Beträge in geometrischem Verhältnisse abnehmen, sind nach den im vorigen Abschnitte gegebenen Formeln für die Admassirung solcher Renten sofort anzuschreiben: denn wenn ${}_\lambda V_t$ und ${}_\lambda N_t$ die gesuchten Grössen, so ergeben die Relationen:

$${}_\lambda V_t \cdot F^t = {}^\lambda C_t$$

$${}_\lambda N_t \cdot F^t = {}^\lambda c_t$$

im Zusammenhalte mit den für ${}^\lambda C_t$ und ${}^\lambda c_t$ gefundenen Werthen:

$${}_\lambda V_t = \frac{{}_\lambda V_e}{{}_{\lambda^t} V_e^t}$$

$${}_\lambda N_t = \frac{{}_\lambda N_e}{{}_{\lambda^t} V_e^t}$$

wobei ${}_\lambda V_e^t$, ${}_\lambda V_e$ und ${}_\lambda N_e$ definirt sind durch

$${}_{\lambda^t} V_e^t = \frac{F^t}{F^t - \lambda^t};\ {}_\lambda V_e = \frac{F}{F - \lambda} \text{ und } {}_\lambda N_e = \frac{1}{F - \lambda}$$

Desgleichen gilt für Zeitrenten, welche mit der Reihe der natürlichen Zahlen fortschreiten:

$$+_1V_t \cdot F(t) = {}^{+1}C_t$$
$$+_1N_t \cdot F(t) = {}^{+1}c_t$$

also wird

$$^{+1}V_t = \frac{V_e(C_t - t)}{F(t)} = V_e\left\{V_t - t\,D(t)\right\}$$
$$^{+1}N_t = \frac{N_e(C_t - t)}{F(t)} = N_e\left\{V_t - t\,D(t)\right\}$$

Diese Werthe gehen für $t = \infty$ über in $(V_e)^2$ und $V_e \cdot N_e$. Die Formeln lassen sich leicht in andere überführen, welche ermöglichen die steigende Zeitrente aus der einfachen Zeitrente und den ewigen Renten mit der Periode 1 und t zu berechnen:

$$^{+1}V_t = V_t\{V_e - t \cdot N_e^t\}$$
$$^{+1}N_t = N_t\{V_e - t \cdot N_e^t\}$$

Fällt die Rente in arithmetischer Reihe, mit 1 anfangend, je um den Betrag d, so erhält man wie früher bei ewigen Renten mit Rücksicht auf die Gleichung

$$^{+d}V_t = d \cdot {}^{+1}V_t$$
$$^{-d}V_t = V_t - d \cdot {}^{+1}N_{t-1}$$

Solche Rentenberechnungen finden ihre Anwendung bei Tilgung einer Anleihe, wenn die jährlich für Verzinsung und Tilgung zu zahlenden Annuitäten um stets den gleichen Betrag zu oder abnehmen sollen. —

§ 16.

Zur Construction von Rententafeln.

Mittelst des in § 13 gegebenen Satzes kann man sich eine Tafel für Renten von beliebiger Dauer unter Annahme einer bestimmten Verzinsung und einer gleichbleibenden Zahl von Rententerminen innerhalb der Zeiteinheit konstruiren, sobald man eine Tafel besitzt, welche unter der Annahme gleicher Verzinsung die Kapitalwerthe der Renten von verschiedener Dauer gibt, wenn die Rententermine mit der vollen Zinsperiode 1 zusammenfallen. Wir brauchen deshalb nur für die letzteren ein recurrirendes Verfahren zu suchen, da sämmtliche Werthe der ersten und zweiten besagten Tafel sich stets durch den gleichen Faktor unterscheiden.

Demgemäss nehmen wir die Relation zwischen Renten, deren Dauer um die Zeiteinheit verschieden ist:

$$V_{t+1} - V_t = V_e \left\{ \frac{1}{V_e^{t+1}} - \frac{1}{V_e^t} \right\}$$

$$= \frac{1}{F^t},$$

welche auch aus der Auffassung der Kapitalwerthe der Renten als die Summe der aufeinanderfolgenden Diskontfaktoren ohne Weiteres sich ergibt.

Ueber die Art der Verzinsung ist hierbei keinerlei Voraussetzung gemacht. Setzt man $F^t = e^{\zeta t}$, so gilt der Satz:

> „Die ersten Differenzen einer Rententafel nehmen im umgekehrten Verhältniss des Zinsfaktors der Zeiteinheit ab, wenn die Dauer der Rente um die Zeiteinheit zunimmt.“ —

Für nachzahlbare Renten gilt analog

$$N_{t+1} - N_t = \frac{1}{F^{t-1}}$$

Man verfährt demnach, wenn man nicht in der Lage ist, die Kapitalwerthe der Renten durch einfache schrittweise Summirung der Diskontfaktoren zu berechnen, ohne diese letzteren wie folgt:

Man berechnet sich direkt aus der Formel zwei Werthe der Tafel für die höchsten Argumente t, nimmt deren Differenz, zinst diese letztere auf, um die Differenz des zweit- und drittletzten Werthes der Tafel zu erhalten u. s. f.

Handelt es sich um die Berechnung der Kapitalwerthe für Renten, deren Dauer in beliebiger arithmetischer Progression erster Ordnung wechselt, so findet man, dass die aufeinanderfolgenden ersten Differenzen einer solchen Tafel im umgekehrten Verhältniss des Zinsfaktors der betreffenden Zeitperiode stehen; denn die Differenz der Kapitalwerthe V_{t+n} und V_t ist gleich dem um t Zeiteinheiten diskontirten Kapitalwerthe einer Zeitrente der Dauer n:

$$V_{t+n} - V_t = \frac{V_n}{F^t}$$

$$N_{t+n} - N_t = \frac{N_n}{F^t} = \frac{V_n}{F^{t-1}}$$

Wie die hier auftretenden konstanten Faktoren V_n in die ersten zwei zu berechnenden Werthe der Tafel von vornherein eingehen und bei weiterer Berechnung gar nicht mehr zu berücksichtigen sind, so wird man auch die Faktoren, welche der Abweichung der Rententermine von den Zinsterminen Rechnung tragen sollen, in die ersten berechneten Werthe der Tafel einführen, welche dann durch die nach obigem Gesetze sich bildenden ersten Differenzen leicht herzustellen ist.

Der Zusammenhang zwischen den Tafeln für vorauszahlbare und nachzahlbare Renten ist durch die einfache Beziehung gegeben, wonach der Kapitalwerth der vorauszahlbaren Rente gegen jenen der nachzahlbaren, deren Dauer um die Zeiteinheit geringer ist, um den Betrag der Rente 1 grösser ist

$$V_t = N_{t-1} + 1$$

Berechnet man sich aus den so gewonnenen Werthen von V_t noch eine Tafel der reciproken Grössen, d. i. derjenigen Renten, welche auf bestimmte Zeitdauer aus dem Kapitale 1 fliessen, so erhält man für die Summe mehrerer solcher Werthe folgende Kontrolformel:

$$\sum_{t=t_1}^{t=t_2}\left(\frac{1}{V_t}\right) = \frac{\sum\limits_{t=t_1}^{t=t_2} V_e^t}{V_e}$$

$$\sum_{t=t_1}^{t=t_2}\left(\frac{1}{N_t}\right) = F\sum_{t=t_1}^{t=t_2}\left(\frac{1}{V_t}\right) = \frac{\sum\limits_{t=t_1}^{t=t_2} V_e^t}{N_e}$$

§ 17.

Weitere Relationen.

Es bestehen die Gleichungssysteme

$$C_t^{\frac{1}{r}}{}^{*)} = \frac{V_e^{\frac{1}{r}}}{N_e^t}, \quad c_t^{\frac{1}{r}} = \frac{N_e^{\frac{1}{r}}}{N_e^t}$$

$$V_t^{\frac{1}{r}} = \frac{V_e^{\frac{1}{r}}}{V_e^t}, \quad N_t^{\frac{1}{r}} = \frac{N_e^{\frac{1}{r}}}{V_e^t}$$

*) An Stelle der Bezeichnung in § 9.

und beachtet man hierbei, dass die im Nenner auftretenden Kapitalwerthe der ewigen Renten V_e^t und N_e^t sich gerade um die Einheit unterscheiden, so erhält man:

$$\frac{1}{\frac{1}{V_t^r}} - \frac{1}{\frac{1}{C_t^r}} = \frac{1}{\frac{1}{V_e^r}}$$

also

$$\frac{1}{\frac{1}{N_t^r}} - \frac{1}{\frac{1}{c_t^r}} = \frac{1}{\frac{1}{N_e^r}}$$

Man hat demnach bei vollkommen freigelassener Wahl der Zinstermine und Rententermine den Satz:

„Die Differenz zwischen der die Zeit t laufenden Rente aus dem Kapitale 1 und der periodischen Rente, durch welche innerhalb der gleichen Zeit das Kapital 1 erworben wird, ist unabhängig von der Dauer der Renten und gleich der entsprechenden ewigen Rente aus dem Kapitale 1.“

Nimmt man ferner die admassirten Werthe von Renten für verschiedene Werthe von t, so lässt sich das Verhältniss derselben durch Kapitalwerthe zweier ewiger Renten ausdrücken wie folgt:

$$C_{t_1} : C_{t_2} = c_{t_1} : c_{t_2} = \frac{V_{t_1} \cdot F^{t_1}}{V_{t_2} \cdot F^{t_2}} = \frac{V_{t_1} D^{t_2 - t_1}}{V_{t_2}} \quad \text{oder nach § 16:}$$

$$= \frac{V_{t_2} - V_{t_2 - t_1}}{V_{t_2}}$$

$$= 1 - \frac{V_{t_2 - t_1}}{V_{t_2}} = 1 - \frac{N_{t_2 - t_1}}{N_{t_2}}$$

$$= 1 - \frac{V_e^{t_2}}{V_e^{t_2 - t_1}}, \text{ wenn } t_2 > t_1 \text{ angenommen wird.*)}$$

*) Der mit der Lebensversicherungstechnik vertraute Leser erkennt leicht, dass die oben für die Sparversicherungen abgeleiteten Formeln einer weiteren Interpretation fähig sind, wenn $\frac{1}{C_t}$ durch die bis zum Eintreten eines bestimmten Ereignisses — Tod oder Erreichung eines bestimmten Lebensalters — zu zahlende Prämie für die mit diesem Zeit-

Die letzteren Relationen schreiben wir noch in der Form:

$$\frac{C_{t_1}}{C_{t_2}} + \frac{V_e^{t_2}}{V_e^{t_2-t_1}} = 1 = \frac{c_{t_1}}{c_{t_2}} + \frac{V_e^{t_2}}{V_e^{t_2-t_1}}$$

oder
$$\frac{N_e^{t_2}}{N_e^{t_1}} + \frac{V_e^{t2}}{V_e^{t_2-t_1}} = 1$$

Daraus ergeben sich die Gleichungen:

$$V_e^{t_2-t_1} = \frac{V_e^{t_2} \cdot N_e^{t_1}}{N_e^{t_1} - N_e^{t_2}} \text{ und}$$

$$N_e^{t_2-t_1} = \frac{N_e^{t_2} \cdot V_e^{t_1}}{N_e^{t_1} - N_e^{t_2}},$$

welche gestatten, die Kapitalwerthe einer ewigen Rente mit beliebiger Periode auszudrücken durch zwei andere, deren Perioden jene der erstgenannten zur Differenz haben. —

Als Gleichung für die Differenz zweier ewigen Renten aus dem Kapitale 1 mit verschiedenen Perioden findet man aus
$$V_{t_2} - V_{t_1} = V_{t_2-t_1} \cdot D^{t_1} \quad (\S\ 16),$$
indem man mit dem Kapitalwerthe V_e dividirt:

$$\frac{1}{V_e^{t_2}} - \frac{1}{V_e^{t_1}} = \frac{D^{t_1}}{V_e^{t_2-t_1}}$$

Diese Gleichung kommt in praktischen Fällen oft zur Anwendung. —

---

punkte zu erwerbende Kapitalsumme 1; $\frac{1}{V_t}$ dagegen durch die bis zum gleichen Zeitpunkt aus dem Kapitale 1 fliessende Rente — Leibrente — ersetzt wird. Die Differenz beider Grössen repräsentirt die ewige Verzinsung aus dem Kapitale 1. In der zweiten der gegebenen Gleichungen ist die linke Seite oder $\frac{1}{C_{t_2}} : \frac{1}{C_{t_1}}$ diejenige Form, in welcher man die Reserve bei Versicherungen auf den Erlebensfall, die rechte oder $1 - \frac{V_{t_2-t_1}}{V_{t_2}}$ dagegen diejenige für Versicherungen auf den Todesfall darzustellen pflegt, wenn t_2 sich auf die ganze Dauer der Versicherung, t_1 auf die zur Zeit der Reserveberechnung verflossene Zeit bezieht. Für die reine Sparversicherung müssen beide identisch sein. Man orientirt sich über das Nähere am besten in dem bekannten Werke von Zillmer, die mathematischen Rechnungen bei Lebens- und Rentenversicherungen, Berlin 1861 und 1887.

§ 18.
Die Anleihenrechnung.

Zur Amortisation eines Darlehens wird innerhalb festgesetzter Zeit eine über die Verzinsung der Schuld hinausgehende Zahlung geleistet bis zur vollständigen Tilgung desselben. Die periodischen Zahlungen, welche die Summe der laufenden Verzinsung und der Kapitaltilgung repräsentiren, nennt man gewöhnlich Annuitäten. Dann unterscheiden wir zwei Fälle:

1) Die Annuitäten nehmen nach bestimmten Gesetzen ab oder zu.

2) Dieselben sind alle einander gleich.

Der zweite Fall, in welchem gleichbleibende Annuitäten vorausgesetzt sind, ist der in der Praxis weitaus am öftesten vorkommende. Es liegt bereits in der Natur der Sache, dass dann derjenige Theil der Annuität, welcher der Verzinsung der laufenden Schuld dient, allmählich mit dem Kapitalrest selbst abnimmt, der den Betrag der Zinsen dagegen zur vollen Summe der Annuität ergänzende Resttheil, die Tilgungsquote, ist in stetem Wachsen begriffen.

Für den ersten Fall ist ein Beispiel gegeben, wenn man constante Tilgungsquoten voraussetzt und zu diesen jeweils den Betrag der Zinsen der laufenden Schuld addirt; die Annuitäten — Summe der Zins- und Tilgungsbeträge — nehmen dann in gleichem Maasse wie die ersteren ab.

Welche Voraussetzung aber auch über die Gesetzmässigkeit der Annuitäten gemacht werden möge, so lösen sich alle einschlägigen Fragen von dem einen Gesichtspunkte aus, dass die Kapitalschuld dem Kapitalwerthe einer Rente gleichkommt, deren einzelne Beträge die aufeinander folgenden Annuitäten sind.

1) Die nacheinander zur Verzinsung und Tilgung des ursprünglichen Kapitales Q verwendeten Beträge seien $A_1, A_2 \ldots A_t$ Wertheinheiten und die Dauer der Amortisation gleich t. In diesen Annuitäten soll je der gleiche Tilgungsbetrag T zur Amortisation enthalten sein und demnach der jeweilige Kapitalrest nach τ Zeiteinheiten: $Q_\tau = Q - \tau \cdot T$, während für Q die

Gleichung besteht $Q = Q_0 = t \cdot T$. Die Annuitäten sind nachzahlbar gedacht also $A_\tau = \frac{Q_{\tau-1}}{N_e} + T$, indem sich die einzelnen Beträge derselben aus der Tilgungsquote T und der Verzinsung des letzten Kapitalrestes zusammensetzen.

Man erhält also

$$A_\tau = \frac{Q_\tau + T \cdot V_e}{N_e} = \left(\frac{Q}{N_e} + T\right) - (\tau - 1)\frac{T}{N_e}$$

und sieht, dass der Betrag der Annuitäten, wie selbstverständlich ist, jeweils um den Betrag der Zinsen des Tilgungsbetrages T, nämlich um $\frac{T}{N_e}$ abnimmt.

Das ursprüngliche Kapital Q muss sich darstellen als der Kapitalwerth einer in arithmetischer Reihe je um $\alpha = \frac{T}{N_e}$ abnehmenden nachzahlbaren Rente, welche mit $A_1 = \frac{Q}{N_e} + T$ beginnt und deren letzter Werth $A_t = T . F$ beträgt, weil die letztmals zahlbare Annuität aus der Tilgungssumme T und der Zinszahlung $\frac{T}{N_e}$ sich zusammensetzt. Thatsächlich lässt sich auch mit Hilfe der in § 15 gegebenen Formeln beweisen, dass

$$A_1 \cdot N_t - \frac{\alpha}{F} \cdot {}^{+1}N_{t-1} = Q.$$

2) Die Annuität ist eine gleichbleibende und beträgt A Wertheinheiten. Die Kapitalschuld ist wieder Q und die Dauer der Amortisation des Darlehens t. Für diese Annahme gilt die ganz allgemeine, alle Fälle umfassende Gleichung, welche durch die verschiedene Wahl der Zinstermine und Zahlungstermine der Annuitätenraten eintreten können:

$$Q = A . V^{\frac{1}{r}}_{\frac{t}{n}} \text{ oder } Q = A . N^{\frac{1}{r}}_{\frac{t}{n}}$$

in welchen $V^{\frac{1}{r}}_{\frac{t}{n}}$ und $N^{\frac{1}{r}}_{\frac{t}{n}}$ den Kapitalwerth der Rente 1 bezeichnen, wenn die vorauszahlbare oder nachzahlbare Annuität, deren Betrag für die Zeiteinheit A ist, in Renten gleich $\frac{A}{r}$ reaisirt wird, während auf die Zeiteinheit n Zinstermine treffen.

Uebrigens braucht die Aufgabe für vorauszahlbare und

nachzahlbare Annuitäten nicht gesondert behandelt zu werden, da man beispielsweise im ersteren Falle schreiben kann $Q_1 = A \, . \, N_{\frac{t}{n}}^{\frac{1}{r}}$, sobald $Q_1 = \frac{Q}{F}$ gesetzt wird, wo F den einschlägigen Zinsfaktor $= \frac{V_{\frac{t}{n}}^{\frac{1}{r}}}{N_{\frac{t}{n}}^{\frac{1}{r}}}$ bedeutet und man dann die Formeln für nachzahlbare Annuitäten anwenden kann. Man setzt also:

$$Q = A \frac{N_e^{\frac{1}{r}}}{V_e^t} = A \frac{1 - e^{-\zeta t}}{r\left(e^{\frac{\zeta}{r}} - 1\right)}, \text{ wobei } \frac{\zeta}{n} = \lg\left(1 + \frac{z}{n}\right) \text{ werden kann.}$$

Aus dieser Gleichung lässt sich, wenn Q und A vorgegeben sind, t nicht immer als ganze Zahl bestimmen; man ändert dann den Amortisationsplan derart ab, dass statt der gleichbleibenden Annuität letztmals ein erhöhter oder erniedrigter Betrag zur Tilgung und Verzinsung verwendet wird. Man findet in den Handbüchern für die Praxis der Anleihenrechnung hierfür genügend instruktive Beispiele. Theoretisch interessiren uns vor Allem folgende Fragen:

a) Wie gross ist nach Umlauf der Zeit τ die laufende Kapitalschuld?

b) Welche Theilsumme der constanten Annuität wird zur Verzinsung, welche zur Tilgung verwendet?

ad a) Nach der Zeit τ wäre die ursprüngliche Schuld angewachsen mitsammt ihren Zinsen und Zinseszinsen zu Q . F, wenn F = e; die admassirten Werthe der Annuitäten dagegen repräsentiren nach den Ausführungen des vorigen Abschnittes den Schlusswerth $Ac_\tau^{\frac{1}{r}}$, wobei

$$c_\tau^{\frac{1}{r}} {}^{*)} = \frac{N_e^{\frac{1}{r}}}{N_e^\tau} = \frac{e^{\zeta\tau} - 1}{r\left(e^{\frac{\zeta}{r}} - 1\right)}$$

*) Unter nachträglicher Aenderung der Bezeichnungsweise des § 9.

Demnach beträgt der Kapitalrest, d. i. diejenige Summe, welche nach Umlauf der Zeit τ als laufende Schuld zu betrachten ist:

$$Q_\tau = Q \,.\, F^\tau - A c_\tau^{\frac{1}{r}}$$

$$= A \,.\, \frac{N_e^{\frac{1}{r}}}{V_e^t} \,.\, F^\tau - A \,.\, \frac{N_e^{\frac{1}{r}}}{N_e^\tau}$$

$$= A \,.\, N_e^{\frac{1}{r}} \,.\, F^\tau \left\{ \frac{1}{V_e^t} - \frac{1}{V_e^\tau} \right\} \text{ oder nach § 17}$$

$$= A \,.\, \frac{N_e^{\frac{1}{r}}}{V_e^{t-\tau}} = A \,.\, N_{t-\tau}^{\frac{1}{r}}$$

In dieser Gleichung bestätigt sich durch die symbolische Form

$$Q_\tau = A \,.\, N_{t-\tau}^{\frac{1}{r}}$$

was an sich einzusehen, dass sich nämlich der jeweilige Kapitalrest in eine Rente von gleichbleibendem Betrage A für den Rest der Amortisationsdauer $t - \tau$ auflösen lassen muss.

Ersetzt man ferner A durch seinen Werth $Q \cdot \frac{V_e^t}{N_e^{\frac{1}{r}}}$, so erhält man $Q_\tau = Q \cdot \frac{V_e^t}{V_e^{t-\tau}} = Q \cdot \frac{V_{t-\tau}}{V_t}$

woraus sich auch für beliebige Termine τ_1 und τ_2 die Proportion ergibt:

$$Q_{\tau_1} : Q_{\tau_2} = V_e^{t-\tau_2} : V_e^{t-\tau_1} = V_{t-\tau_1} : V_{t-\tau_2}$$

so dass sich das Verhältniss zweier beliebig herausgegriffener Kapitalreste unabhängig von r schreiben lässt und durch das umgekehrte Verhältniss der Kapitalwerthe ewiger Renten mit Perioden gleich dem Reste der Amortisationsdauer oder durch das direkte Verhältniss der Kapitalwerthe vorauszahlbarer Zeitrenten von solcher Dauer bestimmt.

ad b) Wir haben angenommen, dass auf die Zeiteinheit n Zinstermine und r Rententermine treffen. Dann hat es zunächst nur Sinn, da die Verzinsung und Tilgung zu getrennten Zeitpunkten erfolgt, wenn nicht speziell n und r commensurabel sein sollten, nach dem innerhalb der τ^{ten} Zeiteinheit erfolgten Tilgungswerth, berechnet auf den Endpunkt dieser Zeiteinheit zu fragen. Würde n = r sein, so wäre allerdings für jeden innerhalb der Zeiteinheit gelegenen Termin die jeweils in der Annuitätenrate enthaltene Tilgungsquote ebenfalls anzugeben.

Nun wächst der Kapitalwerth $Q_{\tau-1}$ innerhalb der τ^{ten} Zeiteinheit an zu

$$Q_{\tau-1} \cdot F = A \cdot F \cdot N_{t-\tau+1}^{\frac{1}{r}} = \frac{A \cdot F \cdot N_e^{\frac{1}{r}}}{V_e^{t-\tau+1}}$$

dagegen ist am Ende der besagten Zeitperiode der Gesammtwerth der innerhalb derselben zur Zahlung gelangten Annuitätenraten

$$A \cdot c_1^{\frac{1}{r}} = A \cdot \frac{N_e^{\frac{1}{r}}}{N_e}$$

Der Ueberschuss der beiden Werthe muss zum nächsten Kapitalreste führen und in der That ist

$$\begin{aligned} Q_{\tau-1} \cdot F - A \cdot c_1^{\frac{1}{r}} &= A \cdot N_e^{\frac{1}{r}} \left\{ \frac{F}{V_e^{t-\tau+1}} - \frac{1}{N_e} \right\} \\ &= A \cdot F \cdot N_e^{\frac{1}{r}} \left\{ \frac{1}{V_e^{t-\tau+1}} - \frac{1}{V_e} \right\} \\ &= \frac{A \cdot N_e^{\frac{1}{r}}}{V_e^{t-\tau}} = A \cdot N_{t-\tau}^{\frac{1}{r}} = Q_\tau \end{aligned}$$

was zu beweisen war.

Die Verzinsung für $Q_{\tau-1}$ selbst dagegen beträgt nur $\frac{Q_{\tau-1}}{N_e}$; man hätte also um den Ueberschuss der geleisteten Annuitätenraten über die nöthige Verzinsung, je für das Ende der laufenden Zeiteinheit berechnet anzugeben, die Differenz:

$$A c_1^{\frac{1}{r}} - Q_{\tau-1} \cdot (F - 1)$$

zu bilden, welche sich mit Hilfe der eben erwiesenen Gleichung

$$Q_{\tau-1} \cdot F - Ac_1^{\frac{1}{r}} = Q_\tau$$

ersetzen lässt durch die Differenz der aufeinanderfolgenden Kapitalreste nämlich durch

$$Q_{\tau-1} - Q_\tau$$

Dieser Ausdruck ergibt den Schlusswerth der innerhalb der fraglichen Zeiteinheit geleisteten Tilgungssummen nämlich:

$$T_\tau = Q_{\tau-1} - Q_\tau = A \cdot N_e^{\frac{1}{r}} \left\{ \frac{1}{V_e^{t-\tau+1}} - \frac{1}{V_e^{t-\tau}} \right\}$$

$$= A \cdot N_e^{\frac{1}{r}} \cdot \frac{D^{t-\tau}}{V_e} = A \left(\frac{N_e^{\frac{1}{r}}}{V_e} \right) \cdot D^{t-\tau}$$

$$= \left(\frac{Ac_1^{\frac{1}{r}}}{F^{t+1}} \right) \cdot F^\tau \text{ oder durch Q ausgedrückt:}$$

$$= Q \cdot \frac{V_e^t}{V_e} \cdot D^{t-\tau} = \left(\frac{Q}{c_t} \right) F^{\tau-1}$$

Daher die Sätze:

1. „Bei gleichen Annuitäten steigen die je für den Endpunkt einer Zeiteinheit berechneten Werthe der in den Annuitäten enthaltenen Tilgungssummen im geometrischen Verhältnisse des Zinsfaktors.“

Für $\tau = 1$ erhält man $T_1 = Ac_1^{\frac{1}{r}} - Q\,(F - 1) = \frac{Q}{c_t}$ d. i.

$$T_1 \cdot c_t = Q$$

oder T_1 ist der Betrag, welcher nachzahlbar t mal admassirt zum Kapital Q anwächst. Man kann sich also die Amortisation auch so denken, dass das ursprüngliche Kapital dauernd in gleicher Höhe verzinst wird, bis die admassirten Werthe des Ueberschusses der auf den Schluss der Zeiteinheit bezogenen Annuitätenraten über die Zinsen des ursprünglichen Kapitals gerade Q betragen und die Schuld mit einmal getilgt werden kann. — Aus der Gleichung

$$\sum_{\tau=1}^{\tau=t} T_\tau = \left(\frac{Q}{c_t} \right) \sum_{\tau=1}^{\tau=t} \cdot F^{\tau-1} = \frac{Q}{c_t} \cdot c_t = Q \text{ folgt ferner:}$$

2. „Die algebraische Summe aller Tilgungswerthe repräsentirt das ursprüngliche Kapital.“

Für $\tau = t$ erhält man $T_t = \frac{A \cdot c_1^{\frac{1}{r}}}{F}$ und diese Grösse kommt mit den Zinsen aus dem ihr gleichwerthigen Kapitalrest $Q_{t-1} = \frac{A N_e^{\frac{1}{r}}}{V_e} = \frac{A c_1^{\frac{1}{r}}}{F}$ gerade dem Schlusswerth der innerhalb einer Zeiteinheit geleisteten Annuitätenraten gleich; denn es berechnet sich

$$Q_{t-1} \cdot F = A c_1^{\frac{1}{r}}$$

Q_t wird Null, ein Kapitalrest ist nicht mehr vorhanden und desshalb wird auch die laufende Verzinsung Null. —

Was das Verhältniss der auf bestimmte Zeit beschränkten Annuitäten anlangt, welche bei verschiedener Anzahl von Zahlungsterminen aber gleichartiger Verzinsung zur Tilgung der Schuld verwendet werden sollen, so ergibt sich nach dem in § 13 Gesagten, dass ihr Verhältniss unabhängig von der Dauer t der Amortisation ist und der Reduktionsfaktor für beide lässt sich leicht berechnen, da sich $A_{r_1} : A_{r_2} = N_e^{\frac{1}{r_2}} : N_e^{\frac{1}{r_1}}$ erweist. —

Der eben behandelte Fall der Anleihenrechnung mit gleichbleibenden Annuitäten mag zugleich als eine Darstellung der Regeln angesehen werden, nach welchen die Kapitalwerthe der Renten von gleichbleibendem Betrage 1 innerhalb der Zeit t vollständig in Rentenform aufgelöst werden, nämlich: in welcher Höhe jeweils zur Rente 1 die Zinsen aus dem noch vorhandenen Kapitalreste — der sich selbst als Kapitalwerth einer abgekürzten Rente darstellen muss — beizutragen haben, und welcher Betrag an den einzelnen Terminen von dem Kapitalstamme selbst zu entnehmen ist. —

Tabellen.

Tabelle I. **Zinsfactoren für die**

Anzahl der Tage	3 %		3½ %		4 %	
	a) Innerhalb eines Monats:					
1	1.00008	21952	1.00009	58950	1.00010	95950
2	1.00016	43971	1.00019	17992	21	92021
3	24	66057	28	77126	32	88212
4	32	88212	38	36352	43	84523
5	41	10434	47	95670	54	80954
6	49	32723	57	55080	65	77505
7	57	55080	67	14582	76	74176
8	65	77505	76	74176	87	70968
9	73	99997	86	33862	98	67879
10	82	22557	95	93640	1.00109	64911
11	90	45184	1.00105	53510	120	62063
12	98	67879	115	13472	131	59336
13	1.00106	90642	124	73526	142	56728
14	115	13472	134	33673	153	54241
15	123	36370	143	93911	164	51875
16	131	59336	153	54241	175	49628
17	139	82369	163	14664	186	47502
18	148	05470	172	75178	197	45496
19	156	28638	182	35785	208	43610
20	164	51875	191	96484	219	41845
21	172	75178	201	57275	230	40200
22	180	98550	211	18158	241	38676
23	189	21989	220	79133	252	37272
24	197	45496	230	40200	263	35988
25	205	69071	240	01360	274	34825
26	213	92713	249	62612	285	33782
27	222	16423	259	23956	296	32860
28	230	40200	268	85392	307	32058
29	238	64046	278	46920	318	31376
30	246	87959	288	08540	329	30815
31	255	11940	297	70253	340	30375
	b) Am Schlusse jeden Monats:					
31	1.00255	11940	1.00297	70253	1.00340	30375
59	486	10920	567	35683	648	67015
90	742	46876	866	74840	991	18135
120	991	18135	1.01157	33078	1.01323	75354
151	1.01248	82944	1458	47871	1668	56208
181	1498	79214	1750	76578	2003	36494
212	1757	73525	2053	68038	2350	48622
243	2017	33897	2357	49677	2698	78875
273	2269	19895	2652	37378	3036	98424
304	2530	10752	2957	97249	3387	62296
334	2783	23343	3254	57938	3728	08684
365	3045	45340	3561	97088	4081	07742

Tage eines Jahres.

$4^1/_2$ %	5 %	$5^1/_2$ %	6 %	Tag bezw. Monat
		a) Innerhalb eines Monats:		
1.00012 32953	1.00013 69957	1.00015 06963	1.00016 43971	1
24 66057	27 40101	30 14153	32 88212	2
36 99314	41 10434	45 21570	49 32723	3
49 32723	54 80954	60 29214	65 77505	4
61 66284	68 51661	75 37086	82 22557	5
73 99997	82 22557	90 45184	98 67879	6
86 33862	95 93640	1.00105 53510	1.00115 13472	7
98 67879	1.00109 64911	120 62063	131 59336	8
1.00111 02049	123 36370	135 70844	148 05470	9
123 36370	137 08017	150 79852	164 51875	10
135 70844	150 79852	165 89087	180 98550	11
148 05470	164 51875	180 98550	197 45496	12
160 40248	178 24085	196 08240	213 92713	13
172 75178	191 96484	211 18158	230 40200	14
185 10261	205 69071	226 28303	246 87959*)	15
197 45496	219 41845	241 38676	263 35988	16
209 80883	233 14808	256 49276	279 84289	17
222 16423	246 87959	271 60105	296 32860	18
234 52115	260 61298	286 71160	312 81702	19
246 87959	274 34825	301 82444	329 30815	20
259 23956	288 08540	316 93955	345 80200	21
271 60105	301 82444	332 05694	362 29856	22
283 96406	315 56536	347 17661	378 79782	23
296 32860	329 30815	362 29856	395 29980	24
308 69466	343 05284	377 42278	411 80450	25
321 06225	356 79940	392 54929	428 31190	26
333 43136	370 54785	407 67807	444 82202	27
345 80200	384 29818	422 80913	461 33486	28
358 17416	398 05040	437 94248	477 85041	29
370 54785	411 80450	453 07810	494 36867	30
382 92306	425 56048	468 21601	510 88965	31
		b) Am Schlusse jeden Monats:		
1.00382 92306	1.00425 56048	1.00468 21601	1.00510 88965	Jan.
730 04922	811 49409	893 00480	974 58142	Febr.
1.01115 76781	1.01240 50797	1.01365 40200	1.01490 45011	März
1490 45011	1657 42093	1824 66644	1992 18710	April
1879 08046	2090 03475	2301 42583	2513 25463	Mai
2256 59120	2510 44610	2764 93119	3020 04804	Juni
2648 15527	2946 69005	3246 09305	3546 36681	Juli
3041 21873	3384 79048	3729 50778	4075 37448	Aug.
3423 03575	3810 53370	4199 48347	4589 89053	Sept.
3819 06641	4252 31031	4687 36213	5124 22946	Oct.
4203 76573	4681 62601	5161 67764	5643 93071	Nov.
4602 78599	5127 10964	5654 06146	6183 65465	Dec.

*) Bis hieher sind die Werthe auch aus der Colonne für 3% zu entnehmen.

Tabelle II.

Zins- und Discontfactoren für den Schluss des Jahres.

z	e^z	e^{-z}	%
0,03	1.03045 45340	0.97044 55335	3
0,035	3561 97088	96560 54163	$3^1/_2$
0,04	4081 07742	96078 94391	4
0,045	4602 78599	95599 74818	$4^1/_2$
0,05	5127 10964	95122 94245	5
0,055	5654 06146	94648 51479	$5^1/_2$
0,06	6183 65465	94176 45335	6

Tabelle III.

Tafeln zur Ueberführung jährlicher Verzinsung und Rentenzahlung in augenblickliche.

z	$\zeta_1 = {}^e\lg(1+z)$	$\varphi = \frac{{}^e\lg(1+z)}{z}$	$\frac{1}{\varphi} = \frac{z}{{}^e\lg(1+z)}$	$\frac{1}{\varphi \cdot F} = \frac{z}{1+z} \cdot \frac{1}{{}^e\lg(1+z)}$	%
0,03	0.02955 88022	0.98529 34081	1.01492 61041	0.98536 51496	3
0,035	3440 14267	98289 79062	1739 96645	98299 48449	$3^1/_2$
0,04	3922 07132	98051 78288	1986 92676	98064 35266	4
0,015	4401 00854	97815 30093	2233 49420	97831 09493	$4^1/_2$
0,05	4879 01642	97580 32834	2479 67157	97599 68721	5
0,055	5354 07669	97346 84896	2725 46165	97370 10583	$5^1/_2$
0,06	5826 89081	97114 83687	2970 86719	97142 32754	6

Tafeln zur Ueberführung ratirlicher Verzinsung in augenblickliche.

Tabelle IV.

$$\zeta = n^e\lg\left(1+\frac{z}{n}\right)$$

Für $n=\infty$ wird $\zeta = z$

z	n = 1	n = 2	n = 4	n = 12	%
0,03	0.02956	0.02978	0.02989	0.02996	3
0,035	3440	3470	3485	3495	3½
0,04	3922	3960	3980	3993	4
0,045	4402	4450	4475	4492	4½
0,05	4879	4939	4969	4990	5
0,055	5354	5426	5462	5487	5½
0,06	5827	5912	5955	5985	6

Tabelle V.

$$\varphi_{\frac{1}{n}} = \frac{{}^e\lg\left(1+\frac{z}{n}\right)}{\frac{z}{n}}$$

Für $n=\infty$ wird $\varphi^{\frac{1}{n}} = 1.$

z	n = 1	n = 2	n = 4	n = 12	%
0,03	0.9853	0.9926	0.9963	0.9988	3
0,035	9829	9913	9956	9986	3½
0,04	9805	9901	9950	9983	4
0,045	9782	9889	9944	9981	4½
0,05	9758	9877	9938	9979	5
0,055	9735	9865	9932	9976	5½
0,06	9711	9853	9926	9975	6

Tabelle VI.

$$\frac{1}{\varphi_{\frac{1}{n}}} = \frac{\frac{z}{n}}{{}^e\lg\left(1+\frac{z}{n}\right)}$$

z	n = 1	n = 2	n = 4	n = 12	%
0,03	1.0149	1.0075	1.0037	1.0012	3
0,035	0174	0087	0044	0014	3½
0,04	0199	0100	0050	0017	4
0,045	0223	0112	0056	0019	4½
0,05	0248	0125	0062	0021	5
0,055	0273	0137	0069	0024	5½
0,06	0297	0149	0075	0025	6

GPSR Compliance

The European Union's (EU) General Product Safety Regulation (GPSR) is a set of rules that requires consumer products to be safe and our obligations to ensure this.

If you have any concerns about our products, you can contact us on ProductSafety@springernature.com

In case Publisher is established outside the EU, the EU authorized representative is:

Springer Nature Customer Service Center GmbH
Europaplatz 3
69115 Heidelberg, Germany

Batch number: 10844675

Printed by Printforce, the Netherlands